The Dynamism of Location
The Clue to Bringing About Change

変化を起こすためのヒント

三井不動産 中河内いづみ 著

丸善プラネット

はじめに

　本書は、三井不動産株式会社ビルディング本部のなかで、社員に向けて配信された一連の電子メールマガジンを収録したものです。

　わたしたちは、「その先の、オフィスへ」というスローガンのもとで、これまでお客様に提供してきたオフィスビルについてのスタンダードや常識を再検討し、新しい商品の提案をめざしています。

　ICT（情報通信技術）の進展にともない、人は電子の世界で容易につながることができる時代になりました。そこでは、人が空間のなかで特定の場所をもたないありかた、匿名のなかに隠れるありかたが可能になっています。

　新しいオフィスとはなにかを問うことは、このような時代にあって、人が自らの身体をもって、空間のなかで現実にかかわる「場所」の意味を問い直すことでもあります。

　本書は、そういう問いへの答えを模索しているわたしたちのプロセスを、生のままで収録したものです。

　お読みになるかたが、このようなわたしたちのプロセスをご一緒に体験していただいて、みなさまにとっての「場所」の意味と、商品としての場の価値を問い直すための一助となれば、幸甚に存じます。

2016年5月
三井の創業（1673年）から343年

Preface

This book is a collection of e-mail newsletters distributed to employees of Mitsui Fudosan (MF), Office Building Division. Under the slogan of "Beyond the Office" MF aims to exceed the existing concept of office buildings by offering new values and innovative ideas to all our tenants and customers.

As we live in a rapidly evolving world of Information and Communications Technology (ICT), we can easily go online and place ourselves in a virtual reality at the drop of a hat. In this non-physical world, we could hide our identities and stay anonymous without being in a specific location or space. This milieu also provides us with the opportunity to re-evaluate the future form of office buildings, which in effect enables us to re-think about the physical reality and dynamism of "location", represented in the natural, non-virtual world.
This book is a compilation of our exploration process of seeking answers to these questions.

We sincerely hoped that you could join us in the process of exploration in search for these answers, and that this book would serve as a tool to help you better understand what "location" actually means in this contemporary world.

Idumi Nakakouchi
Mitsui Fudosan Co., Ltd.

May, 2016
343 years since Mitsui Group was founded in 1673

その先の、オフィスへ

人と人との出会いから生まれる、想像を超えた発想や行動力。
そんなダイナミズムの原動力として、オフィスの新しい時代がはじまっている。
私たちは、考えます。
働く人、企業、さらに地域が様々なカタチで出会い、
新たなつながりを創りだせば、
オフィスの可能性はきっと無限にひろがっていくはずだと。

このビジョンのもと、私たちはこれまでも、
時代に先駆けた最新鋭のオフィスビルや、地域と一体となった「経年優化」の
街づくりなどを通じて、社会を活性化する基盤と機会を生みだしてきました。

そして、さらなる革新と情熱で新たなステージへ。
「持続性と安心」、「快適性と効率性」、「広がりと革新」を活動の軸に、
『三井のオフィス』に集う数十万人、数千社のお客様が、
単に「働く」だけでなく、様々な On Time／Off Time を過ごし、集う、
そんな"新しい生活"の場を提供していきます。

先進性と革新性。そして限りない理想を実現する次世代のオフィスへ。

その先にある豊かな未来を築いていくことが、
私たちの仕事です。

もくじ

創刊号（'14/11/4）　ニューヨーク市の
　　　　　　　　　　ワークライフバランス報告書　　1

第2号（'14/11/20）　サイボウズの働きかた　　3

第3号（'14/12/5）　三菱地所リアルエステートの「CRE@M」　　5

第4号（'14/12/15）　フランスの女性労働化率　　6

第5号（'14/12/19）　シリコンバレーと別の路線を歩む、
　　　　　　　　　　フランスのリール　　8

第6号（'14/12/25）　サーバーメーカーの将来　　10

第7号（'15/1/7）　マイクロソフトの働きかた　　13

第8号（'15/1/13）　ニッセイ基礎研セミナー　　15

第9号（'15/1/19）　徳島県神山町のICT集積　　17

第10号（'15/1/27）　音楽業界の将来　　20

第11号（'15/2/4）　アプリの多様化　　23

第12号（'15/2/10）　会議　　26

第13号（'15/2/17）　テレビの将来　　29

第14号（'15/2/24）　アフォーダンス　　33

第15号（'15/3/9）　クラウドソーシング　　　　　36

第16号（'15/3/16）　東京の近未来　　　　　38

第17号（'15/3/23）　タクシー業界とICT　　　　　41

第18号（'15/3/27）　会社生活・プライベート・
　　　　　　　　　　公共の相互乗り入れ　　　　　44

第19号（'15/4/3）　働きかたと服装　　　　　49

第20号（'15/4/10）　ビルのサービス：英米法系と大陸法系　　　　　52

第21号（'15/4/17）　空調の最新動向　　　　　57

第22号（'15/4/24）　外資系金融機関の本店所在地選択　　　　　59

第23号（'15/4/30）　カフェとオフィス　　　　　61

第24号（'15/5/8）　街の「夢」「魅力」：
　　　　　　　　　　阪急の事例、大阪新世界の事例　　　　　64

第25号（'15/5/15）　オンとオフ（前編）　　　　　68

第26号（'15/5/22）　オンとオフ（後編）　　　　　71

第27号（'15/5/29）　ロンドンの新しいオフィス、
　　　　　　　　　　「Pop Brixton」　　　　　75

第28号（'15/6/4）　オフィス街の生鮮食料品店　　　　　77

第29号（'15/6/10）　オフィスのお客さまの視点で考えるBCP　　　　　80

第30号（'15/6/18）　ホテルにまなぶオフィスの
　　　　　　　　　　ホスピタリティ　　　83

第31号（'15/6/24）　オフィスストックの利用　　86

第32号（'15/7/1）　オフィスと動植物　　90

第33号（'15/7/9）　オフィスと和風　　93

第34号（'15/7/16）　外国企業のオフィス選択の要素　　96

第35号（'15/7/23）　企業へのコンサルティング　　100

第36号（'15/7/30）　ライフスタイルの変化と
　　　　　　　　　　都市構造の変化　　104

第37号（'15/8/5）　オフィスと地元の街で
　　　　　　　　　　共有される場所　　107

第38号（'15/8/12）　オフィスと会員制倶楽部　　112

第39号（'15/8/20）　オフィスと清掃　　117

第40号（'15/8/26）　都市の比較：
　　　　　　　　　　大阪市とニューヨーク市　　122

第41号（'15/9/3）　東京都心の観光　　127

第42号（'15/9/10）　日本のオフィスビルのサービス　　133

第43号（'15/9/17）　オフィスという商品の個性　　137

第44号（'15/9/25）　オフィスでのフレキシビリティ　　141

第45号（'15/10/1）　都市計画（前編）　　145

第46号（'15/10/7）　都市計画（後編）　　150

第47号（'15/10/15）　生き残りのための企業文化　　155

第48号（'15/10/22）　渋谷の現在　　159

第49号（'15/10/29）　建物のハイブリッド化　　164

第50号（'15/11/5）　オフィスの資料や
　　　　　　　　　　データのマネジメント　　168

第51号（'15/11/12）　特別な場所、「名所」の成り立ち　　173

第52号（'15/11/19）　オフィスのフリーアドレス　　178

第53号（'15/11/19）　ビジネスにおける多様性　　181

第54号（'15/12/3）　ヒューマンスケールの街　　186

第55号（'15/12/10）　都市のにぎわいと公共交通　　190

第56号（'15/12/17）　アトリエ型オフィスの可能性　　194

第57号（'16/1/13）　グローバル化・ICT化における
　　　　　　　　　　「場所」の意味　　199

第58号（'16/1/20）　新宿の現在　　203

第59号（'16/1/28）　「都市とは何か」という問いかけ　　　207

第60号（'16/2/3）　ご意見・ご感想の紹介　　　212

ニューヨーク市のワークライフバランス報告書

都市の国際競争力の要素のひとつ
Balance between work and personal life in NY city.
Important factor in a competitive international city

　現在当社では、「その先の、オフィスへ」の標語のもとに、中長期の視点に立ったオフィスのありかた、たとえば「次世代のワークスペース」、「新しい働きかた」などについて、いろいろな形で検討が進められています。
　研究や調査・ヒヤリングなど、社内で、どのような動きがあるか、わたしたちで情報を集めています。

　わたしたちで模索の糸口のひとつとして現在追っているのは、「新しい働きかた」の先進事例です。
　たとえば、ニューヨーク市監査局の発行したワークライフバランスの報告書によると、ニューヨーク市の国際競争力を向上させるために、ハイレベルの人材・労働力の維持向上が不可欠で、そのために、ワークライフバランスは戦略的に重要と打ち出しています。家庭生活は職業生活と対立するものではなくて、相互に補完することで、より高い生産性が確保される、と言っています。そこで先進事例として引かれているのが、KPMG（大手会計事務所・コンサルタント）とエトナ生命です。ニューヨーク市でも実態はなかなか変化がなく、だからこそ監査局が危機感をもって報

告書を書いているような状況のようであり、逆にいえばニューヨークが東京に比べて格段に進んでいるわけではないようです。

第2号 サイボウズの働きかた

keyword

人材確保の必要性が促進する新しい働きかた
"Cybozu" work style.
Recruitement encourages new working style

　第2号では、新しいワークスタイルについて、世間で有名な事例として、サイボウズの情報を紹介します。

　先日日経リアルエステートの講演があり、そこで言及のあったもので、育自分休暇（誤植ではありません。"育児休暇"とは別物）、ウルトラワークなどが実施されています。

　同社のホームページのなかに、サイボウズがどういう考えかたで新しい働きかたを導入しているか、プレゼン形式で解説した記事が載っています。前編・後編に分かれています。

　各企業とも、人材確保の必要な一方で、むやみに給与が増やせないという事情があるでしょう。このような新しい働きかたの導入は、企業宣伝のために先進的な取り組みをするというよりは、やむをえない「必要」からやってゆかざるをえないようになると思われます。現在は人材確保に困っている中小企業からはじまっているようですが、生産年齢人口減少のなかでは、大企業でも競争に勝つために人材を確保する必要性から、こういう動きが次第に高まるのではと思われます。

参考文献
サイボウズのホームページ: http://cybozu.co.jp/company/workstyle/

第3号 三菱地所リアルエステートの「CRE@M」

ファシリティマネジメントのサービス化
Mitsubishi Real Estate Services cloud system called "CRE@M" and the service-oriented facility management

　第3号では、三菱地所リアルエステートサービスが提供している、「CRE@M」というサービスを紹介します。クラウドを利用して、まずは各企業が保有・運用している不動産情報を各企業に預けてもらって、それをもとに分析ツールなどの活用を提供するもののようです。

　各社のトップでなく実務担当ベースに訴求して、各社のもっている不動産情報の管理や活用の悩みをサポートしようという試みのひとつとして、他社の事例ですが知っておく価値がありそうです。

フランスの女性労働化率

「正社員の短時間労働者」
Women's labor participation rate, and their permanent posts with shorter hours

　第4号では、女性労働化率に関しての研究事例を紹介します。

　この件については、なかなか一民間企業だけで研究や社会提言を行うことがむずかしい問題で、調べかたも含めて試行錯誤というところと思われます。

　こちらでも、知見のありそうな国内の機関でどういうことが言われているかを調べたところ、そのひとつとして、フランスの女性の労働化率上昇について分析した論文をみつけました。
　内容は、労働化率が上昇したといっても、その要因は「パートタイム」（正社員の短時間労働者。日本の非正規労働者とは異なる）の寄与が大きく、これをフルタイムに換算すると、それほど労働化率は高まっていない、といったことが、統計に基づいて書かれています。

　逆に読めば、たとえばこのような「正社員の短時間労働者」という制度をうまく設計することが、ヒントのひとつのように思われます（なお、スウェーデンもフランス同様に女性の労働化率が

高いことで有名ですが、もともと「専業」主婦を夫が責任もって扶養するという文化ではなかったという話もあり、また「親保険」という独特の出生保障制度があったことなども基礎にあるようで、さらに研究を要します)。

　感想ですが、女性労働力の問題は、「先進国横並びのなかで、はずかしくないレベルにする」というような消極的な視点ではなく、(創刊号のニューヨーク市当局の問題意識にも重なりますが)かならずしも十分活用されてこなかった女性の優秀な労働力を活用することで、日本経済の活性化・競争力強化をめざす、という積極的な視点で考えるべきではと思われます。

　当社としては、「そのために必要な制度はこういうものが想定され」「それを容易に促進するワークスペースはこういう形のもの」という発想で検討してゆく必要がありそうです。

参考文献
日本女子大学 現代女性キャリア研究所「フランスにおける女性労働化率カーブの考察」：http://riwac.jp/ (このような問題を1975年から研究しているとのこと。もちろんこの研究所が唯一の研究機関ということではないことを付言いたします)

第5号 シリコンバレーと別の路線を歩む、フランスのリール

keyword 「ふつうの人がスマート・さくさく」
Silicon Valley vs Lille : Smart way of working

　第5号では、シリコンバレーとはやや異なる路線でのTECH系集積化をめざす、フランスのリールについて紹介します。

　「ノール＝パドカレー」は、フランス北部の広域地域圏で、ベルギーに接します（ノール県とパドカレー県を合わせているので名前が長いです）。リールはノール県にある都市で、パリ、リヨン、マルセイユにつぐフランス第4の都市です。

　ここでのコンセプトは、「ギーク」（プロ、オタクといった意味合いの新語）ではなく一般人の利用する技術を開発することでシリコンバレーとは異なる路線を歩もうとするものです。どれだけ成功しているかわかりませんが、いろいろな資料にあたると、集まっている企業はアニメ翻訳・ゲーム開発などの関係業種が多く、かなり「日本びいき」な色合いなので、この路線ならば、なにもフランスでなくても日本でできるのでは、という印象です。

　いまや、「プロ・マニア・オタク」は格好がよくなくて、「スマート・さくさく」が格好いい、というのが世界の流れであれば

(その良し悪しはさまざま評価があるでしょうが)、「ふつうの人がスマートにさくさく使えるICT商品の開発」というコンセプトは、高度な新技術をめざすコンセプトとは別の路線として、検討してみる価値はありそうです。

なお、欧州では、日本ではあまり報道されていないところで、進んだ試みをやっているようです。

たとえば、スペインのバルセロナ市(首都マドリッドをしのぎ、スペイン経済を実質的にこの1市で支える産業都市。スペインからの独立の機運が高まっているカタルーニャ州に属する)では、市議会がITを改革の柱にすえて取り組んでいます。

第6号 サーバーメーカーの将来

参入障壁の低い新興ソリューション企業
The future of server makers, widening chances for emerging companies

　第6号は、クラウドの普及により売り先が減少しているサーバーメーカーが、どうやって生き残ろうとしているか、という話です。

　当社の昔の経理システムを思い浮かべればわかりやすいですが、従来は企業が自社専用のサーバーを購入して、自社専用のアプリケーションを設計して、自社独自の業務系システムをつくっていました。

　ところが、クラウドサービスの拡大によって、なにも自分でサーバーをもたなくても、他人のサーバーを借りてそこにデータを置き、そのうえで自社でアプリケーションをつくったり、既存のできあいのアプリケーションを流用したりということが、インターネット経由で簡単にできるようになりました。つまり企業の初期投資が大幅に節減となり、かわりに利用料を払って他人のサーバーを借りることが普及したわけです（具体的にどのサーバーかが特定されないということが、「雲（cloud）」という命名の由来）。すでに世の中では相当普及しています（一説には企業の6

割が使用)。

　他人にサーバーを貸す事業を行っているのが、大手のアマゾンウェブサービス（AWS）、マイクロソフト、グーグルといった、大手クラウドとよばれる企業です。これらの企業は、大型高規格のデータセンターを保有して、そこに置いたサーバーを貸しています。利用料は現在価格競争が激しく値下げ合戦の状態です。

　それでは、日立や富士通やデルやヒューレットパッカードといった、これまでサーバーメーカーとよばれている企業はどうなっているかというと、大手クラウド向けのサーバー販売はまだ多少ありますが、たとえば大手通信事業者は、サーバーメーカーを中抜きして、いわばオーダーメイドの個別発注に移行しつつあるなど、存在意義が薄れているのでは、とのことです。
　そこで、サーバーメーカーが生き残りのために模索しているのが、「ソリューション営業」です。当社でもよく聞かれる言葉ですが、機器を売るだけではなく、企業の業務系ソリューションの提供に積極的に乗り出しています。
　ここで注意が必要なのは、ソリューション提供は、きのうきょう立ち上げたばかりの新興企業にも、ハンディがあまりないということです。クラウドのメリットは、そういう新興企業でも初期投資をほとんど行わずにたとえばアプリケーションを組んでソリューションを売り込むことができるところにあります。サーバーメーカーの優位な点があるとすれば、知名度、業界での経験、これまでに採用し養成した「優秀な」人材などですが、一方で、賞味期限をむかえる可能性のある生産設備やビジネスモデルが、足を引っ張る要因になるかもしれません。一方、新興企業側は、規模の問題に対しては、ITで格段に発達したネットワークを利用し

た複数新興企業のコラボレーションで対処する方法があります。

　大企業のクライアントは、情報のセキュリティを重視しており、そのため「信用ある」「顔のみえる」企業によるソリューションを好むので、サーバーメーカーのソリューション営業は、そういうニーズの顧客には効果があるとは思われます。

　この問題については、「結局は大手が勝つ」とほんとうに言えるのか、大手コンピューター業者という過去のイメージにまどわされることなく、当面ニュートラルにみてゆく必要があると思われます。

参考文献
桑津浩太郎「クラウド化の進展とICT市場への影響、『知的資産創造』野村総合研究所、2014年9月号、4ページ。

第7号 マイクロソフトの働きかた

快適な環境・選択の幅
Microsoft's way of working.
Comfortable environment and a broad range of choices

　第7号は、日本マイクロソフトの新しい働きかたについて紹介します。

　2014年、同社では「テレワークの日」と称して、強制的にある期間、原則全社員がオフィスに来られないようにする方法でテレワークを実験しています。このような実験は2012年にはじまり、2014年以降は賛同する会社を募集して共同で実施したとのことで、その期間はふだんより商談が増えたという情報もあります。

　同社については、集団の組織力をはじめから求めるというよりも、個人の生産力を基本にして、そういう個人がITにより連携して成果につなげてゆく、そのために個人の生産力の最大化を実現できるよう、なるべく広い選択の幅を用意する、オフィスビルはそのためのツールのひとつ、という発想をもっているとの印象を受けました。
　従来主流の「企業軍団の城」というイメージでは、地名ブランドや見た目の立派さ・ビルの高さは重要でしたが、このようなツール機能重視のお客さまが増えると、賃料体系の決定要素が、こ

れまでと変わってくるのかもしれません。

第8号 ニッセイ基礎研セミナー

人と人との接点・企業の文化の場
NLI Research Institute
seminar : connecting people-to-people.
A place to appreciate corporate culture

　第8号は、ニッセイ基礎研究所が2014年10月に主催したパネルディスカッション、『進化する企業の不動産活用』を紹介します。

　パネリストは「@プロパティ」というCRE（企業不動産）用アプリを販売している、プロパティデータバンク（元清水建設）の板谷敏正氏、マイクロソフトのファシリティマネージャーの長坂将光氏、東京建物の古屋幸男氏で、司会はニッセイ基礎研究所の松村徹氏が務めています。

　表題には『進化する企業の不動産活用』とありますが、話の3分の1ぐらいは新しいオフィスについての議論です。

　とくに示唆的なのは、新しい働きかたの普及により、逆に、本社とは何か、オフィスとは何か、が浮き彫りになってくるあたり（参考文献の2ページ「働きかたの変化とオフィスのありかた」）です。

　ICT化の先に残るオフィスビルの意義として、人と人との接点・企業の文化（の場）という言葉が出てきています。

そのほかにも、

- 新しい働きかたにより、高度なBCP（事業継続計画）はオーバースペックになるのでは、という話
- プラットフォーム（本拠としてのオフィス）のほかにサードプレイス（顧客先の近くにサテライトオフィスを借りるなど）が注目されるという話

などもあり、"その先のオフィス"のありかたを考えるうえで示唆を得られるのではと思われます。

参考文献
ニッセイ基礎研究所のホームページ：http://www.nli-research.co.jp/publicity/event/report/panel_d/

第9号 徳島県神山町のICT集積

 多様化のなかの選択肢としての都心オフィス
Integration of ICT at the town of Kamiyama, Tokushima Pref.
Urban office space and its broad range of choices

　第9号は、前号に引き続き、先進的事例から、逆に本社とは何か、オフィスとは何か、を浮き彫りにする発想について紹介します。

　徳島県の神山町や美波町は、最近IT系企業が集まってきていることで有名です。
　この手の地方活性化は、政府の補助金目当ての企業が寄っていって、形だけのものになっているのでは、という先入観があったのですが、徳島の事例は、IT企業側からのイニシアティブに自治体が乗った事例です。

　現地にはオフィスビルらしい建物はなく、元商店や民家に多少手を加えて、オフィスとして使っています。
　メリットは、生活費が安く、職住が近接していて、育児や介護に自分の実家やコミュニティの力を利用できること、地方の人材を採用できること、などが挙げられています。
　東京にも拠点があって、うまく機能を分けているという企業もあります。

このような「都市でない場所」は、人の顔がみえ、誰が何をしているかお互いにみえる場所でもあります。都市の匿名性がはじめから存在しない場所を、あえて選択している理由はなにか、考えてみる必要がありそうです。

　いろいろな資料をあたると、参加企業の経営者が、「ほんとうにITの恩恵を受けるべき人は、東京の人じゃない、若者じゃない人で、その人たちに普及してこそ、ITの価値があるのではないか」と発言している旨の記載がありましたが、そういう商品開発をめざすのであれば、まさにこのような「都市ではない」という場所がふさわしいということになります。これとは別の道、たとえば「都市生活者におもしろいものを提供したい」というのであれば、そういう商品開発は都市でないとむずかしいことになるでしょう。
　また、うまく行っているようにみえるのは、Iターンではなく

神山町の紹介ページ

て、もともと実家がそこにあるUターンだからかもしれません。まったく縁もゆかりもない地方の「都市でない場所」に定住して、地元コミュニティの一員になってゆくことは、けっこうむずかしいと想像されます。

それに、東京で仕事が受注できるからこそ成り立っている、東京で受注した仕事を地方でやっているという企業もあるかもしれません。

IT技術は、生産活動を場所的制約からある程度解放してくれます。これは、従来のありかたを根絶させてしまうものととらえるのではなく、「多様化」を可能にするものであり、従来のありかたはその選択肢のひとつになる、ととらえるべきと思われます。

音楽業界の将来

ガラパゴスの両面性
The future of music industry, and the unique Japanese business style

　第10号は、ICTの進展のなかで、日本独自の動きとなっているといわれる音楽業界について紹介します。このようなガラパゴスとよばれる事例については、オフィスの将来を考えるうえでも参考になると思われます。

　世界的には、デジタルで音楽をダウンロードする方法（デジタル音楽配信）が拡大し、従来のCDが売れなくなっています。
　しかし、日本では、CDは健在で、デジタル音楽配信はむしろ減っています。

　世界的に伸びている「スポティファイ」という音楽配信サービスは、日本ではいまも開業の見込みが立っていません。音楽業界のライセンス付与への抵抗などが理由のようですが、それは現在のCDを中心とする販売構造（再販売価格維持制度など）が基礎にあるためのようです。
　日本の消費者が音楽を購入するというときには、純粋に耳で聞こえる音だけを買うのではなくて、ジャケットやおまけも含めて買っているためではないか、消費者にはコレクターとしての興味

音楽産業の売り上げ(単位:億ドル)

		2012年	2013年	備考
世界	音楽産業全体	156.5	150.3	
	うちデジタル	56.4	58.7	
日本	音楽産業全体	36.2	30.1	
	うちデジタル	6.3	4	2012年1ドル86円、2013年1ドル105円で概算(各12月終値)
アメリカ	音楽産業全体	48.7	49	RIAAは生産額ベースで70と公表
	うちデジタル	40.5	43.6	
ヨーロッパ	音楽産業全体	53.6	53.9	

出典:IFPI(国際レコード産業連盟)、RIAA(アメリカレコード協会)、日本レコード協会の統計より作成

もあるのではないか、それでも日本のCD志向もそのうち変わる、時間の問題ではないかという見かたもあるようです。

　音楽のような趣味性のあるものは、商品に付随しているもろもろの要素が、日本の消費者にとっては大切なのかもしれません。
　ジャケット、おまけ、店頭に出かけて選んで買うというプロセス、こういった要素を含めて、ひとつの商品ととらえられているのではないかと思われます。
　純粋な音だけを買いたいのではなく、楽しんで選びながら、求めているイメージが形になったシンボル(象徴)を買いたい、そういう事物にお金を払いたいのでしょう。
　ガラパゴスは、それなりの意味があってそうなっているといえます。

　もっとも、日本の音楽産業全体のパイは縮小しています。お金

を払ってまで音楽を手に入れるという行為じたいが、全体では減っています。これは世界的な動きとも一致しています。

　ちなみに、パイ縮小の対策として、米国などでは、新しい楽曲やデビューまもないアーティストは、インターネット媒体（無料ないし低価格）により認知を広げたうえで、コンサートでもうける、という路線に比重が移っています。一方、日本はインターネットのように消費者の能動性を前提とする媒体で認知を広げにくく、従来型のCD販売中心の踏襲が続いている、との説があります。

　オフィスビルは、生産活動の手段という意味が強いので、音楽のような趣味性のものと異なり、シンボルを売るという側面にはそれなりの限度があるでしょう。それでもテナントの「企業の文化の場」にふさわしい商品性という意味で、音楽の動向は無視できないと思われます。それと同時に、在来型の文化にはふさわしかった商品のパイが今後どうなるのかも、注視が必要です。

アプリの多様化

個別開発をまとめる編集力
Diversification of various app fuctions and the integration of segmented app development

　第11号は、アプリケーション（アプリ）の多様化が指し示すものは何か、についてです。新しいオフィスのありかたに直接関係した話題ではありませんが、ICT化の将来の方向のひとつということで、ご参考になれば幸甚です。

　10年ぐらい前を思いますと、個人の業務をシステム化する場合はエクセルなどのソフトを使い、一方、多数の人が共用する大規模なシステムは、個別に業者と詳細な設計打ち合わせをして、また自社専用のサーバーを物理的に確保したうえで構築していました。

　現在は、上記の前提がつぎつぎに変わっています。クラウドにより、専用サーバーを物理的に確保する必要がなくなったことは、第6号で述べたとおりです。それだけでなく、「表計算ソフト」（やや古い言いかたですが）に限らず、さまざまな機能をもつ、既製品のアプリが大量に供給されるようになりました。

　このことは、当社のような企業でも、アプリをユーザーとして

使うだけでなく、アプリを簡単に開発して、オンラインで外部に供給できるということです。これは、アプリケーションの開発現場および利用現場がPCからスマートフォンに移行し、それにともない、構築の難易度が低下したことによります。またサードパーティで制作し、クラウドで取引される文化が定着し（AppStoreやAndoroidShopを指します）、個人のクリエイターが制作や販売を容易に行えるようになったことも影響しているとみられます。

アプリを供給する企業は、いったい、社内の誰がいつどのようなアプリを、会社の名前で外部に提供するかを管理したいと考えるでしょう。アプリは、将来的には、紙に手書きで書くかのように手軽につくれるようになる可能性もあります（現在はまだ、初心者にはむずかしいようです）。

企業としては、自社の名前を冠して提供される以上は、「会社の機密情報やノウハウが漏れていないか」からはじまり、「アプリの計算式のまちがいやプログラムのバグがないか」まで、リスク管理に頭を悩ませるところです。

一方で、「売れるアプリは、標準化されてゆくのでは」という見かたもありえます。多様化といっても、不便なものは淘汰され、ベストプラクティスで改善を続けてきたものはメジャーになってゆく、という見かたです。

また、新作のアプリがあっても、世間に知られないと使ってもらえない、ということもあります。すでに、多様なアプリを分類して検索可能にしたサービスは登場しています。

さらに一歩進んで、アプリじたいが消耗品と化して、多くのアプリ開発業者（デベロッパー）は持続できないのではないか、という説もあります。

　以上から得られる示唆としては、多様なアプリに対して、ヒューマンサイズの管理可能性を提供し、アプリの改善・洗練化を進めてゆく、という分野（「編集」的機能）には可能性がありそうです。

会議

「創造型会議」と「定型的会議」
Conferences : Standard vs. Creative Meetings

　第12号は、すべての企業で例外なく行われるもの、「会議」についてです。

　ご承知のとおり、オフィスとは、

- 接客の場所
- 会議の場所
- 事務作業の場所
- 財産や情報を安全に保管し、管理する場所
- 外部営業の拠点
- 商品を展示する場所

などの機能がある場所です。"その先のオフィス"を考えるということは、このような機能の将来を考えるということでもあります。そのなかで、今回は、「会議」について、どのような将来がみえるのか、という問題提起です。

　新しいICTの道具を使った会議の方法がいろいろ提案されてい

ます。たとえば、

- テレビ会議
- WEB会議（インターネット経由で手軽にできますが、画質などテレビ会議に比べやや劣るとされます）
- 会議資料をiPadの上で表示させることにより紙資料の配布に代える（当社でも一部の全社対象説明会では導入されています）
- 会議の席で、発言の要点をまずキーボードで入力して会議メンバーに発信して、それを読んでもらいながら口頭で説明する

などの方法です。このような道具によって、離れた場所どうしでも、効率的な会議ができるようになることは容易に想像できます。このような道具による変化をみることも重要ですが、さかのぼって、「会議」というものじたいが変化してゆく可能性はないでしょうか。

　参考文献は、そのような新しい道具を使うという観点ではなく、会議そのものの方法についての提案の記事です。会議には、「創造型会議」と「定型的（連絡報告中心）会議」とがある、とあります。

　前者は実際に人間どうしが接触することが必要で、少なくとも、ある一定時間にある共通の部屋にメンバーが集まることが必要です。集まったメンバーが、ホワイトボードなどの上に共通の画像（議事録）をつくりあげてゆくというプロセスも、このことが前提です。

　一方、後者は上述の新しい道具の活用により、一同に会する必要性が低下してゆく可能性があります。

そうすると、いかにストレスのない「創造型会議」のできる環境を提供するか、これがオフィスの商品性として求められるもののひとつではないでしょうか。お客さまの立場から考えてみると、

- 会議室が手軽に押さえられて
- 使用人数の増減の融通がきいて
- 時間の前倒し後倒しや延長の融通がきいて
- ICT機器がスムーズに使えて
- 集中できる環境で
- 会議の声がもれないで
- 飲食の手配もしてもらえて……

といったことが求められるでしょう。このように、会議する人本位でブレイクダウンしてゆくと、「すぐれものの会議室」のイメージができそうです。

　そのあたりの細かい差配はICTの機械だけではむずかしく、「会議室ディレクター」のような、人間による差配のほうがサービスとして価値があると思われます。たとえば、ビルの各テナントの会議室の差配を一括して受託する、あるいはビル全体で一元管理する、などのサービスは、歓迎されるのではないでしょうか。

参考文献
会議について（コクヨ）：http://www.kokuyo.co.jp/creative/shinagawabusiness/extra_vol01.html
議事録について（All Aboutのコラム）：http://allabout.co.jp/newsdig/w/70255

テレビの将来

番組編成による「時間的状況規定力」→
「場所的状況規定力」
The future of television: understanding office buildings via organization of TV program materials

　第13号は、ICT化により将来性がいろいろ議論されている「テレビ」について眺めてみることで、オフィスビルへの示唆を得ようという試みです。

　テレビについては、おおむねつぎのような主体がそれぞれの役割を分担しています。

1．ハード
- 受像機：家電メーカー
- 電波（アナログ・デジタル・衛星）：テレビ局、衛星系放送事業者（スカパーなど）
- 有線の場合：通信会社（電話会社など）、有線放送事業者

2．ソフト
- コンテンツ作成：番組制作会社
- CM供給：広告代理店
- 放送事業者：テレビ局、衛星系放送事業者、有線放送事業者

　ここではこのうち、おもに放送事業者の将来についてみてみた

いと思います。

　民間放送事業者は、一定の時間枠に、作成されたコンテンツを放送し、そこにCMを入れることで、CM広告料をおもな収入源としています。コンテンツの作成自体は、多くの場合番組制作会社にゆだねられています。

　総務省の統計資料で視聴時間量の推移をみると、横ばいの状況で、減少傾向とまではいえません。

　ただし、世代別にみると、若年層はテレビを見なくなっており、高年齢層は横ばいないし増加しています。高齢者層の人口増加により、トータルで、視聴時間量は横ばいになっていると読めます。放送事業者の売り上げは微減傾向です。

　一方、博報堂の調査では、視聴時間量では、メディアへの接続時間全体の増加の影響が反映されているので、その影響を除くために、メディア接続時間に占める割合に注目しています。この資料でみると、テレビの占める割合の低下ははっきり認識できます。

　テレビについては、たとえばつぎのような意見がみられます。

- ICTによりオンデマンド番組供給が可能になり、視聴者の選択肢が広がるなかで、既存のテレビ放送の位置は相対的に低下している
- CM提供企業としては、いまのところテレビのCMは顧客データがとりにくく、また特定顧客層限定の打ち出しは、やりかたにもよるがむずかしいことが多い。一方で、大衆向け商品をボリュームゾーンに訴求するには効果がある
- 大衆に同時的に「話題を提起する」機能はまだまだ衰えず、この強みを生かせば今後も生き残る

- テレビをよくみる高齢者層向けのコンテンツを増やし、時間帯・年齢層別に細かい配慮をした番組編成を行うなど、打つ手はある

　テレビが社会的な信用を維持できれば、今後も時の話題を提起し、時代状況を定義する力を持ち続けるでしょう。
　時計のかわりにテレビをつけっぱなしにしている人も多いというのは、視聴者の信用のあらわれと思われます。テレビに時を告げられ、時代を知らされる、そのうえ、そこで流されてくる話題を共有することで自身が社会の一員であることを受け入れているといえます。
　そこで社会的信用を維持するためには、番組編成力（編集力）が鍵と思われます。どういう番組をつくり・選んで・組み合わせるか、どういう時間配分と順序で電波に乗せて流すか、ということに関する力です。そういう編集がなされたものを、長時間累積して視聴者が視聴してゆく過程で、信用が築かれるのではないでしょうか。信用を築くのは、番組単品の力だけではないと思われ

ます。

　テレビにおいて、「時間的状況規定」の機能が、数あるメディアのワンオブゼムにならないための要素であるとすれば、オフィスビルでは、「場所的状況規定」の機能が同様の要素ではないかと思われます。

　たとえば、個人では一生さわらないような大きな金額を動かし、従業員や顧客などの大勢の人の人生を左右するような決定を行う場所、それに「ふさわしいもの」を備えたビルやエリアは、少数かもしれませんが、コモディティ化したオフィスというワンオブゼムにはならないのでは、と思われます。

　そういう「ふさわしさ」を付与するには、テレビ同様に「編集力」が鍵であり、総合ディベロッパーの力とは、不動産の編集力・街の編集力、ということでしょう。

　そして、編集力のベースとなるのは、「ユーザーが何を求めているか」というマーケティング力と思われます。オフィスで働くすべての人が満足するオフィス空間はありません。オフィスに限らず、ディベロッパーは「場」に対するニーズをマーケティングして、ニーズにもっとも適応した「場」を編集することが使命と思われます。

参考文献
総務省の統計資料：http://www.soumu.go.jp/johotsusintokei/field/housou00.html
博報堂の調査：http://www.media-kankyo.jp/news/media/20140610_2940.html
経済産業省「次世代テレビのあり方について」：http://www.meti.go.jp/press/2012/02/20130228001/20130228001.html （本文は100ページ以上の大部で、端末の多様化の一方で、「家メディア」「生活の伴走者」としてのありかたは変わらないのでは、という趣旨のもの）

アフォーダンス

「当社の」アフォーダンス
Mitsui Fudosan's affordance and its definition

　第14号は、現代のキーワードのひとつとして注目される「アフォーダンス」という言葉について考えてみます。

「アフォーダンス」(affordance) とは、一言であらわすと「モノが人間に与える意味」です。
　人間は、言語を共有していますが、モノ（広く事物・環境を含みます）に出会うと、そのモノを言語の構造をもってとらえます。ということは、人間にとって、言語の構造に合っているモノはわかりやすく、合っていないものはわかりにくいことになります。
　わかりやすいモノは、「メッセージ感があるモノ」と言い換えることができます。「こう使ってください」というメッセージ感のある商品は、アフォーダンスのある商品といえます。わかりやすくて、ヒューマンエラーの起こりにくいデザイン・設計ということです。

　この言葉が、工業デザインやICTにおいて、注目されています。ICTでも、ユーザビリティ（使い勝手）のうえで重視されてい

ます。10年ほど前の携帯電話は、分厚い説明書がついていて、ある程度読まないと使いこなせませんでしたが、現在の携帯電話は説明書はパンフレット程度で、「あとはお客様がいろいろさわって使ってみてください、どうしてもわからなければインターネットで調べてください」という形になっているようです。それは携帯電話がアフォーダンスを重視して設計されているからといえます。B to Cのアプリケーションの開発では、アフォーダンスを優先しているとみられます。

「マニア・おたく」ではなく「スマート・さくさく」がかっこいい、という社会的ムードと表裏関係になっているのでしょう。専門家がうなるような高度な性能を備えていても、ふつうのお客さまがらくに使いこなせなければ、アフォーダンスは低いことになります。

　ビルの商品設計でも、サイン計画などがアフォーダンスが求め

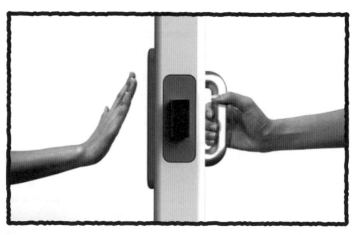

られる分野として思いつきやすいですが、コンサルティング、運営管理、WEBなどでも、アフォーダンスという視点は有用です。

街に来る人へのアフォーダンス、ビル管理要員へのアフォーダンスのほか、たとえばテナントの総務担当者へのアフォーダンスもあります。

テナントの総務責任者は、入社以来総務一筋のかたもおられるでしょうが、そうでないかたも少なくないのではないでしょうか。不動産について、専門ではない人への通訳ができれば、「当社の」アフォーダンスが向上することになります。

参考文献
大阪ガス行動観察研究所のコラム：http://www.kansatsu.co.jp/service/kansatsu-x/column/detail/28（大阪ガスの100％子会社で、人間の行動観察を取り入れた手法によるマーケティングをやっています）

クラウドソーシング

労働力の編集、テレイグジスタンス
Crowdsourcing, workforce and tele-existence

　第15号は、複数の個人の労働力を編集して供給する「クラウドソーシング」についてながめてみます。

　クラウドソーシングとは、仕事の受注者をインターネットで募集して、希望する個人に請負ベースで仕事を発注する、一種の職業紹介ビジネスです。
　この業態では、クラウドワークス、リアルワールド、ランサーズなどが大手です。たとえばクラウドワークスは現在約30万人に仕事を提供しているといわれています。パソナやヤフーなどの大手も参入しています。
　最近の話題は、女性の利用の多いことで知られる料理レシピの紹介サイトを運営しているクックパッドが、リアルワールドに資本参加したことです。

　クラウドソーシングの運営には、労働法令のクリアのほか、適材を依頼元企業に提供するための独自のノウハウ（編集力）が求められるものと思われます。

　オフィス業界は、テナント企業に対し、雇用契約を結んだ従業員を働かせる場所を提供していますが、クラウドソーシングはそういう概念とはまったく異なる形で労働力を調達します。
　この業態はまだ成長過程で、既存の大手との提携にもまだ開かれている状況にあるので、いまのうちにどこかと協力関係をもっておくことも意味があるかと思われます。

　また、労働力供給において、当社じたいが直接なにかできるかもしれません。
　当社はオフィスというストックをもとにビジネスを展開していますが、同時にオフィスの従業者の視点で、あらたなビジネスを展開するようなイメージです。一時的に職を離れる子育て世代、定年を迎えるアクティブシニアなど、供給源のテナント企業と協力すればいろいろな可能性が考えられると思います。

　さらに、テレイグジスタンスの技術により、たとえば工事現場に出向かなくても、自宅にある端末を動かすことで、現地のクレーンの操作をするようなことも可能になるかもしれません。東京のオフィスで働く人が、遠隔操作によって、地方の建設現場、農場、工場で働くようなイメージです。企業が現場の人を東京に引き揚げて、東京のオフィスビルに遠隔操作端末を置いてテレイグジスタンスを行うようなことも、やや遠い将来にはありうるかもしれません。

東京の近未来

都心は移動しつつあるのか
The future of Tokyo: is the capital moving to a different area?

　第16号は、東京の近未来について考えてみます。

　東京の近未来については、すでにさまざまな形で語られています。
　一般に、日本の都市のありかたについては、おおまかに言うと、

- 日本の都市はドーナツ化が進み、都市中心部の商業が衰退するとともに、郊外に大規模ショッピングセンターが数多く出現し、商業的な核が明確にみられない、星雲型になってきている
- その一方で、人口の高齢化により、生活まわりの利便施設と住居とが近接するコンパクトシティ化が進んできている。郊外においては、鉄道の駅に近いところに人口が集まってきている
- 駅から遠いニュータウンは過疎化が進んでいる

という動きがみられます。
　時系列的には、ドーナツ化がひとわたり進行して、そののちにコンパクトシティ化がはじまっている、ととらえられます。

　さて、東京の都心の活性化ですが、このような流れのなかではどう位置づけられるものでしょうか。
　東京都心といっても、山手線の中が活性化が進んでいるというわけではありません。
　気をつけて地図をみると、日本橋、八重洲、銀座、品川、渋谷、新宿は、どれも山手線の最寄り駅から外側に広がる部分が大きいのです。
　山手線の内側というと、大丸有（大手町・丸の内・有楽町）、虎ノ門、赤坂、六本木といった地域があげられます。

　コンパクトシティ化は、高齢者の住居地集約化をともなうもので、結果として職住近接の形になります。東京でみられる職住近接の例としては、中央区・江東区・港区の湾岸地域への高層マンションの大量供給による居住者増加があげられます。ただし住民は高齢者が集まってきているというよりも、都心で働く比較的若い世代の集積が多いです。中央線、小田急線、京王線といった西部住宅地の中心は団塊世代で、世代交代が進まなければ、高齢化により今後急速に活力が失われることになるでしょう（たとえば多摩センターなどのニュータウンでは、高齢化にともなう人口減少が問題化しています）。

　ちなみに、2020年の東京オリンピックの主要会場は晴海から青海にかけて計画されており、卸売市場も築地から豊洲に移ります。環状2号線は青海から虎ノ門ヒルズまでつながる予定で、築地から虎ノ門ヒルズまでは1本のトンネルになる予定（途中の汐留と新橋には出入口ができる）で、当社の銀座のオフィスのすぐ近くでは工事の真っ最中です。田町と品川の間には山手線の新駅ができる予定です。また、渋谷駅や新宿駅では大きな改造が

進んでいます（ただし新宿については、西新宿で開発余地がほとんど残っていない感があり、駅舎だけの改造にとどまる可能性があります）。

　ここからみえる仮説をならべると、

- 東京の近未来は、地方都市と一緒にして語ることができない。高齢化による集住をともなうコンパクト化とは様相が異なる
- 都心のなかでも、活性化しているのは、おもに
①東京駅から品川駅の山手線に接した外側（プラス渋谷駅）
②山手線の内側の限られたエリア
- 職住近接の実現できる湾岸地域を新しい居住地に選ぶ傾向がある

ということになるでしょう。東京の都心は、移動しつつあるのでしょうか。

参考文献
ハイライフ総研の連載：http://www.hilife.or.jp/wordpress/?cat=107
　　（かつてパルコを企画した立澤芳男氏が商業の視点でまとめたもので、分量が多いですが、読み物としておもしろいです）

タクシー業界とICT

ICT業者でなく、タクシー会社にしか
できないこと
Taxi industry and its unique features,
and the potential of ICT.

　第17号は、タクシーでのICT活用で、業界がどのような課題に直面しているかについて取り上げます。

　ニューヨークのタクシーでは、後部座席にタッチパネルがついていて、そこで観光情報などがみられるようになっているものが多いとのことです。また、支払いも各種カードだけでなく、スクエアなどのモバイル決済も利用できる場合があるとのことです。その場合、チップも利用客が決めて金額を入力する仕組みです。マンハッタンとケネディ空港の間は定額制が導入されています。

　タクシーを携帯電話などでよぶ仕組みもいろいろありますが（HAILOなど）、最近は米国から上陸した配車アプリサービス「ウーバー」が話題になっています。料金決済まで完結する仕組みです。一部サービスの提供は東京でもはじまっています。
　もっとも、対象となる車は普及型のイエローキャブではなく、東京でいうハイヤーのクラスです。

　ウーバーは、自身はタクシー会社ではなく（運送業免許なし）、

旅行会社として仲介をする立場にあり、供給者であるタクシー会社と一定期間の契約を結んだうえで、利用客には需要に応じた料金設定をしているようです。これがいろいろな都市で、タクシー会社業界の慣行を壊すものとして摩擦の種になっています。料金体系の問題だけでなく、顧客情報がウーバーに蓄積されるため、タクシー会社はただ運ぶだけになってしまうという不安が生じているようです。

われわれへの示唆としては、「ICTによる情報編集力をもった者が、それまでインフラに投資し続けてきた既存業者をコモディティ化させる」「それを阻止するのはいまのところ行政の規制」という構造が、この業界でもみられることです。民間の業界が官製の規制に頼らざるをえないということは、その業界の展望は明るいとは言いがたいのではないでしょうか。

最近の東京のタクシーの運転手さんは、GPSや予約連絡に気をとられて、道端で手を上げているお客さんに気がつかないことがあるような気がします。

いちばん顧客にフレンドリーなのは、顧客がスマホなどをいちいち操作して予約しなくても、付近で大きめな通りの道端に出て手を上げれば、2、3分程度ですっと車が止まってくれることではないでしょうか。

仕事熱心な運転手さんは各種イベント情報を調べて終演時間に客をみつけに行く、いつも客が待っている穴場を仲間とシェアしている、などの努力をしています。

「わたしはいつ、どこで、こんなに待った」という情報を集めて、配車の手薄な地域に流しの配車を増やす、というICTの使いかたもあります。

　タクシーには乗車記録が残っているので、これをビックデータとして分析すれば何時ごろ、どこに行けば客がいるのか知ることができると思います。
　このようなサービスは、ウーバーにはできないことであり、タクシー会社や運転手さん独自のサービスになりうるでしょう。

　タクシー業界団体でも、都心と羽田空港との間の定額制を導入したり、LINEによる配車システムをはじめたりするなど、時代の変化に対応するべく努力しています。

　しかしながら、たとえば、会社がビックデータを分析して運転手に教えることは、売り上げ歩合給が多い運転手さんからは反発される可能性もあります。会社全体の利益と運転手さんの利益、また大手会社の利益と地元中小会社の利益、それぞれがかならずしも一致しない状況のようです。ICTの進展によって業界の構造にひそむ問題が浮き彫りになり、対応がせまられている事例と思われます。

会社生活・プライベート・公共の相互乗り入れ

「場所」の意味・人間の多面性と場所との対応関係
Linking work, private and public life.
Definition of "location" and its relations
with diversified human characteristics

　第18号は、会社生活への、プライベートや公共への相互乗り入れの可能性を考えます。

　オフィスビルの将来について、もしかすると、会社業務とプライベートとが融合するのでは、という見かたが聞かれますが、これについて場合を分けて考えてみます。

1．会社生活とプライベートとの相互乗り入れ

　テレワークのように、会社の仕事を家庭で行う例がよくあげられますが、世間でもっとも普及している逆の典型例は、社宅制度です。

　ある企業では、序列順に社宅の格（位置・大きさ）が決まっていて、子どもの学校のなかでも、両親の会社の序列がなんとなく反映していて、気が休まらない、という話を聞いたことがあります。

　こういう例を考えると、相互乗り入れには一定の限度があるでしょう。

　一方、会社としては、機密情報のセキュリティや、勤怠管理が心配でしょうし、従業員や家族としては、職場関係に立ち入って

もらいたくない部分がかならずあります。

逆に、妊娠中・育児中の場合や、要介護者が家族にいる場合など、会社が特例を認めると従業員は助かる、という部分もあります。

相互乗り入れについては、どの従業員にも一律的に適用するような観点ではなく、従業員に選択の幅をもたせる観点で考える必要があります。

> **補足**
> 現在は、賃貸住宅ストックの多い都市部では、社有社宅ではなく借り上げ社宅に移行する企業が多いようです。企業側としても、人数の変動に合わせて社有社宅ストックを増減することがむずかしいという理由があると考えられます。

2．会社生活と公共との相互乗り入れ

第9号で、徳島県の神山町の事例を紹介しました。その後の情報では、現地に立地したIT企業のなかには、ボランティアとして地元の特産の販売促進などに力を貸すなど、積極的に地元に融け込もうという取り組みをしているようです。奉仕というよりも、地元の祭りに参加しているという感覚で、従業者個人の生きがいや楽しみとして行われているようです。こういう活動によって、地縁性がないIターンであっても、地方に立地するためのハードルが低くなるのではと思われます。

田舎では、祭りが地域共同体の重要なイベントで、祭りを維持するために世代間の交流が成立しています。地域の五穀豊穣を祈

るイベントだけでなく、たとえば農産物の販路拡大や、子育て、介護など、現代的な社会問題に対して、楽しみや生きがいをもって対応する運動のことも、広い意味で「祭り」ととらえるとおもしろいと思われます。

　これからは、行政機関に対して民間として政策提言するといった形だけではなく、こういう意味での「祭り」への参画という形の相互乗り入れを視野に入れることも必要と思われます。

3．思考実験のために

　以上の1、2を受けて、思考実験のために、たとえばつぎのような事例を考えてみました。

- 大地震の発生時に、会社を頼ってきた従業員の家族を滞在させること
- 要介護の親や幼児を、職場の直近の場所（要介護者入浴施設や託児室）に預けること。従業員は、職場で手すきの時間にはその場所で世話ができることにする（ここでいう「職場」は、かならずしも本社ビルではなく、サテライトオフィスのイメージ）

- 会社の緊急対応の重要な意思決定を行う少数の幹部要員に限って、会社の直近の会社借り上げ住宅（集合的な社宅でなく本人が選んだ住宅）に居住すること
- 一定のセキュリティを満たす条件で、個人のパソコンを会社業務に使ってもよいことにすること
- 一定の手続きのもとに、就業時間内に公益活動を行うこと

　これに付随して、会社の施設提供や負担をどこまで認めるかの問題もあります（例：オフィス内の会議室の使用、コピー機や電話の使用、交通費の補助、会社に帰属する情報の提供……）。
　いずれも、メリット・デメリットがあり、また一定の限界がありそうで、なかなかコンセンサスに至るのはむずかしいと想像されます。

4．あらためて「場所」の意味について

　従業員は、個人であり、家族の一員であり、地域や公共の一員でもあります。
　従業員は、いわば「多面体」のうちのほぼ一面だけを、勤務先にみせて労働を提供しているわけです。
　多面体のすべての面をオフィスに持ち込むことは無理ですが、多面体のほかの面、たとえば「祭り」に参加する地域の一員の面をオフィスに持ち込むことは、一定の条件はありますが、できそうです。
　このことは、これまでも継続して言及してきた、「場所」の意味を考えるうえでたいへん重要な点です。人間が「多面体」のうちのある面をみせるのは、ある特定の「場所」においてである、という関係にあります。複数の面をみせるということは、その「場所」の意味が多様化することでもあり、ある意味で希薄化・

雑居化することでもあります。そういう「場所」の意味が、また新たにそこに集まってきた人間の行動に影響を与えます。

　オフィスが、他人のお金を預かって行われるシビアなビジネスの「場所」であり、従業員および家族の生活のかかった「場所」であることは、たとえ多様化してゆくとしても、変わらない基本と思われます。
　これを前提として、われわれ「場所」をビジネスにする企業にとって、相互乗り入れがどういう意味をもつのか、予断をもたずによく考えてみる必要があると思います。

 # 働きかたと服装

 「文法」の変化、新しい「正式」
Work style and fashion: transforming dress code and establishing new standards

第19号は、働きかたと服装との関係について考えます。

われわれのオフィスビルは、洋服・靴ばきで、土足で入るのがあたりまえですが、日本ではこのような事務所の形は、江戸末期に外国人が持ち込んだもので、明治時代には、まず官庁が土足を導入し（明治4（1871）年12月27日〔旧暦表示、新暦明治5（1872）年2月5日〕太政官布告で中央政府官吏に靴を義務化）、次第に民間企業にも広がったものです。

そして、大正時代に、タイピストなどの「職業婦人」が事務所で働くようになりました。はじめは和服が多かったようですが、洋装・靴ばきが次第に主流になりました。これは、大正時代以降、それまでほとんど官庁にしかなかった、洋式・土足の事務所が、民間に広がったことと連関しています。

フランスで、職業婦人のためのスーツが考案されたことが、女性の社会進出を促進することになったといわれます。日本でも、戦前から、職業婦人に洋装が普及していきました。

職場の女性の服装も、かつては制服が多かったですが、金融機関などで（当社もそうだったのでしょうが）女性の業務範囲を広げるために、制服を廃止するところが増加しています。

　このように、「働きかた」と、「働く場所である『オフィスのありかた』」と、そこで「働く人の服装」とは、相互連関して変化しています。

　いままでのオフィスビルは、男性であればスーツにネクタイに革靴というスタイルが暗黙の前提になっている場所です。
　このような服装は、経済・社会のルールを受け入れた「文明人」であることを象徴する一定の「文法」をもっています。
　たとえば、ネクタイは、保温という機能のない、ただの装飾形式ですが、「そういう形式にすぎないものであっても、わたしはきちんと守っていて、そこでセンスを示している」ということが、その人が「文明人」であることのしるしとされていると思われます。

　新しい働きかたにおいては、この「文法」が変化するはずです。女性がスーツを着ることは、はじめのうちは「文法」にはなかったものが、いまはあたりまえになっています。
　たとえば、クールビズについて、「いざ必要となったらネクタイが締められるシャツ」を前提にしている会社が多いですが、「ネクタイが締められるシャツ」は、とくに夏のはじめには、ネクタイがないとなんとなく落ち着かないと感じることはないでしょうか。ヨーロッパで長い時間をかけてできあがった「文法」に沿った「スーツにネクタイに革靴」というセットから、ネクタイだけを別の理屈で取り外しているだけで、「ネクタイ着用が正式」と

いう「文法」自体は変わっていないためと思われます。
　官庁では、かりゆし・開襟シャツ・Tシャツなど「ネクタイが締められないシャツ」でもよいことにしているところがあります。このあたりが、「文法」が変化しつつあるところでしょう。

　ベンチャー系企業では、経営陣のレベルまで、冬もノーネクタイがあたりまえ、ひげやピアスなども別段気にされない、というところが多いようです。これは、そういう姿が「業界での正式」という新たな「文法」がつくられ、受け入れられているということでしょうか。あるいは、既存の「文法」を前提にしたうえでの、「文法」への反抗活動にすぎないのでしょうか。こういう業界は、オン・オフの区別がないので、このような形があたりまえになっているのかもしれません（オン・オフの区別の問題は、第25号・第26号で深掘りしてみます）。
「文法」も、世界でただひとつなのではなくて、土地ごと、業界ごと、あるいは会社ごとに存在します。
　多様な価値観のもと、多様な「正式」（スタンダード）が許容される世の中であるならば、当社の役割は、個別企業の価値観に寄り添って、その企業文化が発揮できるような場所を創造し、提供するところにあるでしょう。それとともに、当社自らが、新しいビジネスシーンの「正式」を提案することも必要でしょう。

「働きかた」と、「オフィスのありかた」と、そこで「働く人の服装」との３つについて、どれが原因でどれが結果なのかは、いまのところ明確にはわかりませんが、これからのオフィスを考えるための実験として、新しいビジネスシーンでの「正式」（スタンダード）をつくり出すことを意識して「働く人の服装」を変えてみるとおもしろいと思われます。

ビルのサービス：英米法系と大陸法系

旅館型サービス、オペレーショナルアセット
Leasing conditions of office buildings : common vs civil law system, and the provision of hotel-like full services as an operational asset

　第20号は、オフィスでのサービスの将来について考えます。

　オフィスの賃貸借は、英米法系をとっている国と、大陸法系をとっている国とでは、仕組みが異なります。前者は一定期間の利用権を売買する色彩が強く、後者は貸主が借主に一定の状態を備えた部屋を利用させる色彩が強いといわれます。

　日本も大陸法系で、明治時代にフランス法を基本にドイツ法を取り入れてつくられた民法典が基本にあります。
　比喩的に言えば、英米法系では、期間貸しのコンドミニアム、大陸法系は内装・設備の整った旅館のような形です。いったん契約がはじまると、英米法系では、家主は契約関係にほとんど登場しなくなるのに対し、大陸法系では、貸主が基本的な内装・設備を維持する義務を負い、そのほか日常的に受付、修繕、清掃、警備など、いろいろなサービスを行います。

　以前は、米国発のいわゆるグローバリズムのなかで、オーナーの権利の頻繁な売り買いが想定され、旅館型はローカルなものと

してすたれてゆくのでは、という見かたもありました。貸主が自らサービスを提供することには必然性はないという感覚があったと思われます。テナントは、サービスがほしければ、自分の資力に合わせて自力で調達すればよく、そこは家主は関与しない、という考えかたでもあります。

　ところが、ICT化の進展をはじめ、場所というものの意味が変わってきたなかで、わざわざその場所に人が集まる意味が重要になっています。たとえば、国際的超高級リゾートホテルでは、お客さまよりも従業員の数が多い体制をとって、徹底的に細かいサービスを行っているそうです。そういう場所には、人が大金を出して、遠方から交通費と時間をかけて、わざわざ出かけてくるわけです。これなどはまさしく旅館型サービスです。

　すべての物件でこういった手厚いサービスが適しているということではありませんが、旅館型サービスのよさは、日本の得意とするところでもあり、再検討の値打ちがありそうです。

　高級旅館のサービスは日本のお家芸で、インバウンド観光の売り物のひとつだと思われますが、オフィスサービスと違うのは「ハレ」の消費であることで、非日常です。オフィスの日常のサービスで通用するためには、テナント企業にコストパフォーマンスを感じてもらうことが必要です。「テナントが自前で調達するコストよりも安いコストで、同等以上の質・量で提供できるサービスは何か」を意識しながら、新しい旅館型サービスを模索するべきと思います。

　霞が関ビルや新宿三井ビルで、「ウェルカムスタッフサービス」として、車寄せにドアパーソンなどの機能の要員を配置する試みがはじまっており、このような方向の将来性を考えるうえで、有益と思われます。

コストの問題はありますが、たとえば、つぎのようなイメージは検討に値するのではないでしょうか。もちろん、このようなことができる物件は、まずは一流ビル数棟という前提です。

- 受付ロビーにポーターがいて、来館者の手荷物をオフィスや車寄せまで運搬してくれる
- 受付のカウンターの中だけではなく、カウンターの外にも受付員がいて、来館者に歩み寄って入退館の世話をしてくれる
- セキュリティゲートにアテンダントがいて、来館者からカードを受け取り、ゲートの読み取り機にかざして開けてくれる
- コンシェルジュがいて、ちょっとした調査（インターネットでたどりつける程度）をしたり、資料をパワーポイントに仕立てたり、テレビ会議をセットしたりしてくれる（こういうコンシェルジュサービスは、サービス付きオフィスを展開しているリージャス等では有料で提供しています）
- 従業員のふところと健康にやさしい、普段使いできる社員食堂がある（飲食テナントとすみ分けできるもの）

ホテル業界では、サービス向上のために、専門学校で技量を身に付けた人材を採用しています。ポーターをはじめ、ホテル全般の基礎訓練を受けた人から登用されています。

旅館型サービスは、いつ訪ねても一定のレベルが保たれ

ている必要があるので、ホスピタリティについての企業文化をどうやって長期にわたり形成し、社内で共有化し、維持していくかがポイントになると考えられます。それと同時に、オフィスグレードに合わせて他社ビルにないサービスを「体系化」して整備することが必要でしょう。ビルを単なるコモディティではない「オペレーショナルアセット」としてゆくために知恵をしぼる必要があります。

> **参考資料：賃貸借制度の国際比較**
> ①英米型
>
> 英米法系の国では、オフィスビルの賃貸は、「リースホールド(leasehold: 一定期間満了で消滅する前提の付いた所有権のようなもの)の売買」として制度がつくられている。日本でマンションの1室が売買されるのと似ており、ただ一定期間が満了すれば元の所有者に戻す必要がある点が異なる。したがって、テナントは、契約期間内であれば、自由に室内を改変することができ、契約終了のときに原状復旧を行いさえすれば足りる。貸室はスケルトンで提供されることが多く、設備以降はテナント側で設置するのが通常である。このように、売買的に構成されているので、いったん契約すれば、そのあとに貸主・借主間での交渉ごとはほとんど生じることがなく、紛争は契約書の記載に従って処理される。契約期間が10年以上の比較的長期でかつ中途解約権のない定期借家的形態が主流である。
>
> さらに、英米法では「買主注意せよ（Caveat Emptor）」の原則がとられるので、リースホールドの売主（貸主）は、いったん売買契約を締結した以上は、契約書に書かれた以上の責任を負うことがない（売り切り）。このように、貸主の責任が事後的に変わることがほとんどないので、貸主の地位の譲渡が日常的に行われる。

このように、テナントがリースホールドの所有者となることから、諸費用の負担もテナント側となるものが多い。英米とも、管理費はテナントが管理会社に直接払う。英国では、租税や改修費（資本的支出）もテナントが負担する。賃料は、共用部分の面積も含めた面積で計算される（英国は共用部の実際面積、米国は共用負担率など）。

②大陸型

　これに対して、フランス、ドイツ、日本など大陸法系の国では、オフィスビルの賃貸は、「貸主が一定条件を備えた状態の貸室を借主に使用させる契約」として制度がつくられている。テナントは、あたかもホテルに宿泊するのと似ている。貸主側が基本的設備、内装まで準備したうえで貸室を提供し、契約締結の後もさまざまな有形無形のサービスを提供する。いったん契約したあとでも、「買主注意せよ」の原則は意図的にとられていないので、貸主はテナントに対する貸室提供義務を継続して負っており、契約後の交渉ごとも比較的多い（日本における賃料改定交渉など）。テナントは、貸室を「善良なる管理者の注意義務」をもって使用する義務（自分の物に対する注意義務よりも高度の注意義務）を負うのが通常である。

　また、日本では、事業用の借家関係においても賃貸借の存続を保障するために借地借家法が適用される。

　このように、貸主側に所有権があって貸室提供義務を負っていることを前提としているので、管理費や租税は貸主が負担する。日本では、専用部清掃費用はテナント負担となっており、また敷金の慣行がある。

参考文献
「欧米諸国の借地借家制度」財団法人日本住宅総合センター、1987年。

空調の最新動向

自然換気併用、個人空調
Latest trend in air conditioning.
Natural ventilation and individually segmented air conditioning system

第21号は、空調についての最新事例を紹介します。

空調の体感温度は、人によって相当異なります。冷房の入ったオフィスで、男女をとわず、上着を着ていたり、肩や膝に毛布をかけたりしている人がいますが、そういう人は真夏でも冷房があるとほんとうに寒くて、体の冷えによって風邪だけではないさまざまな体調不良が生じるのです。逆に、営業で外回りして帰ってきたときに、冷風で体を冷やしたいという人もいます。また、風の当たりかたによっても、体感温度が異なります。

一方で、オフィスビルには空調設備はほぼ必需品で、高層ビルでは自然換気はきわめてまれです。また、フロア全体をひとつの空調機でまかなう例も少なくありません。

ところが、このような既成概念を破る試みがいろいろ行われています。

参考文献では、つぎのような事例が紹介されています。
- **自然換気** 機械による空調を排除するのではなく、うまく自然

換気を組み合わせるという発想のようです。
- **個人空調** 個人位置情報システムと連動させて、手動ではなく自動で、照明も含めた最適環境を提供する試みです。フロアの部分ごとの個別空調という考え方がさらに発展して、フロアに滞在する個人ごとの空調という考え方になっていくのでしょうか。自動車では座席ごとの空調を取り入れたものが出ています。

これらのほか、デシカント空調、地中熱の利用、放射空調、壁面緑化など、新しい試みがいろいろ実験されています。

いずれもコストとの見合いや、個別物件での具体的な技術的実現可能性の問題もありますが、空調については、省エネやCO_2削減に役立つだけはなく、女性やシニアなどの体にもやさしい環境創造として、オフィスのセールスポイントのひとつになりうる要素と思われます。

参考文献

NTTファシリティーズの自然換気の事例：http://kenplatz.nikkeibp.co.jp/article/knp/column/20140624/668135/?P=1

日建設計の自然換気の事例：
 http://www.nikken.co.jp/ja/solution/ndvukb00000051k6.html
 http://www.nikken.co.jp/ja/solution/naturalventilation2.html
 http://www.nikken.co.jp/ja/solution/ndvukb0000018ujp.html

清水建設の個別床吹き出し空調の事例：http://www.shimz.co.jp/tw/tech_sheet/rn0291/rn0291.html

第22号 外資系金融機関の本店所在地選択

日本の実体経済のメリット
Selecting the location of foreign financial institutions' headquarters. The merit of Japanese real economy

第22号は、外資系金融機関の本店所在地の選択についてです。

ロンドンのシティは、歴史的に英国政府から独立した自治により発展した街で、規制が金融機関に有利になっていることから、数多くの金融機関の本店ないし欧州本部が置かれています。

ところが、欧州連合（EU）の金融規制が強化され、シティの特別な法的地位が変化するのではとの観測が一時流れ、本拠地をロンドンからEU本部のあるベルギーのブリュッセルや、欧州中央銀行のあるドイツのフランクフルトに移す動きが出る可能性もある、との憶測もありました。

最近は、英国のEU離脱も見すえて、大銀行がロンドン以外の拠点（例：アイルランドのダブリン）を検討しているという報道もあります。

英米系の金融機関にとっては、香港やシンガポールやダブリンのように、基本的に英国植民地時代の英米法が基礎にあって、金融のゲームのルールをそのまま持ち込んでプレイすることができ

る都市が活動しやすいと考えられます。また、税制が有利（法人にとっても、そこで働く個人にとっても）ということも影響します。

　東京について考えると、歴史的にそのような成り立ちではないので、国際金融センターになる道は決して平坦ではありません。
　むしろ、東京にはほかの都市にないメリットがあります。それは、「日本」という、所得が比較的高く、内需が大きい市場に立地しているというところです。日本の市場を対象としたい外資系企業は、アジアのなかで、東京を素通りすることはできません。東京の立地としての大きなメリットは、日本の実体経済にあるといえるでしょう。
　また、日本は、外国株式などを売り込むための「セルサイド」の金融機関には注目されているようです。東京の金融機能は、シティのような金融ゲームの舞台というよりも、金融商品（外国株式投資信託などを含む）を、年金基金などの機関投資家や個人投資家に売るための拠点としては、メリットがありそうです。

カフェとオフィス

 歴史の示唆する、オフからワークへの展開
Café and office space, historical development and the shift from off-duty to on-duty

　第23号は、カフェとオフィスの関係についてです。

　カフェ、喫茶店、ティーハウス、コーヒーハウス、パーラーなどと、いろいろなよびかたがありますが、ここではこれらすべてを含めて、カフェという言葉を使います。
　カフェの歴史を調べると、たとえば英国の証券取引市場や保険会社は、17世紀ごろの、同業者が集まるカフェがもとになっているとのことです。
　まずは取引仲間が集まって、休息しながら情報交換する場があって、そこで実際に取引も行われるようになり、やがて常設の取引施設として定着していったという歴史です。
　オフィススペースの発祥については、ヨーロッパ中世の宮廷に付属する官僚の控え室などとともに、こういうカフェもあげてよいと思われます。

　このような初期のオフィス的なカフェは、個人的な休息と、商取引とが共存する場でした。これは第18号でふれた、会社生活と個人生活の相互乗り入れの話に関係してきます。

人間は多面的なもので、勤め人はそのうちのある一面を会社に見せているわけですが、その面以外はまったく隠されているのではなく、潜在化しているものの片鱗が多少あらわれることもあります。
　むしろ、オフィスの原型においては、個人生活の延長上にビジネスも共存する形であったということです。これはカフェばかりでなく、宮廷でもそうで、官僚の控え室は休息や食事の場でもあったはずです。個人生活のうちのある面は、仕事の面とともに、自然な形でオフィスに乗り入れていたのです。

　20世紀のオフィスは、工場と同様に、ある一定時間従業員を拘束し、そのなかでは個人生活は原則として排除されていました。オフィスの歴史からすると、むしろこのような形態が特殊なのかもしれません。官庁や軍隊のように、オン・オフのはっきりしたモデルとは整合するありかたで、製造業などではうまくフィットしたのでしょう。
　一方で現在は堅い業種と思われている金融業のオフィスのありかたが、オフにワークが入り込む形で展開したということは、示唆の深いものがあります。民間の商売らしい展開のように思われます（「オン・オフ」の問題は、第25号・第26号で考えます）。

　最近では、大手カフェの店舗で、パソコンやスマホを使って、休んだり時間つぶしをしたりしながら、仕事もしているという人は、東京都心のどこへいっても日常的に見かけられます。

　これからのオフィスにおいて、ホワイトカラーのストレスをできるだけおさえて、なるべく自然な形で能力を発揮するタイプの業務形態をとって、人材を確保し付加価値を生むというありかた

が仮に考えられるとすると(コストセンターではなくプロフィットセンターとしてのオフィス。第2号参照)、カフェのありかたは、新しいオフィスの形を考えるうえで参考になるでしょう。

　ただし、かつての顔なじみの居場所になっている日本の喫茶店や、いま流行のカフェのフランチャイズ店のような形がそのまま参考になるというものでもないでしょう。何も考えずに美味しい飲み物を飲んでくつろぎ、心身をリフレッシュするという役割は、オフィスとはまた別の、専業の専門店ならではのものです。
　仕事仲間が集う場であり、そのときそのときの必要に応じて、おたがいに適度な距離を調節できて、1日に1回は顔を出したくなる、また毎日の居場所にしたくなるような、気持ちのよいカフェができたとすると、それが新しいオフィスのひとつのありかたなのかもしれません。

街の「夢」「魅力」：

阪急の事例、大阪新世界の事例

ICTによる世界の均質化に対する、個別のまちの差別化
"Dream" and "Fascination" of urban life: case study of Hankyu and Osaka-shin-sekai. Differentiation of individual cities vis-a-vis worldwide homogenization of ICT

　第24号は、街に必要な「夢」「魅力」について取り上げます。

　街に必要な「夢」、街の「魅力」というと抽象的な言葉ですが、これを意識化して、具体的に街づくりに活用した事例が国内にあります。大阪の変遷を論じた書物『通天閣』（酒井隆史 著、サントリー学芸賞受賞）の論旨に沿って紹介します。

　関西で阪急の開発が成功したのは、宝塚の遊園地・劇場のような、中産階級向けの、洋風文化を盛り込んだ「夢」の装置を沿線に設けたからとよくいわれますが、単純にそれだけが理由ではないようです。
　創業者の小林一三のビジョンは、つぎのようなスケールのものでした。
　それは、宝塚という「夢」を供給する装置を設けるだけでなく、沿線に住宅をはりつけることで、住民を既存の街から「分離」して囲い込み、こういう「夢」を住民の「身体に刻みつけて」、「夢」を一時的な絵空事ではなくて、住民個人が自分自身の人生の「夢」として抱くようにしむけたうえで、そういう装置全

体で長期的に儲けるというものです。こういうビジョンを、創業者の小林がはっきりもっていたから、「夢」が一時的な催事に終わらずに、長期的に儲かる装置として形になったというのです。

言い換えれば、宝塚に象徴されるような、ハイカラなセンスある文化生活を送ることを、自分の人生の「夢」として願望するように、住民を囲い込んでしまうということです。そうすれば、阪急沿線へのロイヤリティが高まり、またその生活をあこがれる新規住民が住宅を求めてやってくる、という仕組みです。

著者は、阪急の事例と比較しながら、計画当初の想定とまったく異なる変遷をたどった、大阪新世界を論じています。

大阪新世界は、明治時代に開かれた博覧会の跡地を、大阪土地建物という会社が市から賃貸を受けて出発したものです。大阪土地建物は、博覧会という「夢」の跡地を継承して、大遊園地を建設しました。しかし、この遊園地は、あとで市から払い下げを受けて土地ころがしする魂胆で、市に対する名目として、とってつけたものでした。建前は「大衆の健全な文化的娯楽」という「夢」の供給でしたが、たちまちのうちに維持できなくなって、さまざまな意図・欲望をもった人々が無秩序に流れ込んで、どんどん混沌化してゆきました。この混沌はいかにも大阪的でおもしろい面があり、むしろ大阪の都市イメージの不可欠の要素になっているものですが、当初の計画は崩壊してしまったわけです。

当社は鉄道系のディベロッパーではないので、「鉄道＋住宅」のような、既存の都市からの人の物理的「分離」の方法はフルセットではもっていません。ことにビルディング事業は、郊外の沿線のようにゼロからの開発ではなくて、むしろ既存の都市の中で勝負することが多い業態です。

そのようなちがいはありますが、個人レベルで街から離れられないようにするために、大きな仕組み全体のなかで、魅力的な「夢」を目玉にすえる、そういうやりかたは参考になります。

それとともに、当初の計画をものともせず、既存都市の周縁部で独自の混沌の世界におのずと発展していった、大阪新世界という土地のもつ不思議な力には、人為的コントロールを超えた街のエネルギーを感じざるをえません。この不思議な力は、「魅力」という言葉で言いあらわすと生やさしく聞こえてしまうぐらいのものに思えます。

　阪急の事例は、白地に小林が絵を描くように「夢」を設計したもので、土地がもつ歴史的背景が希薄だったから成功した気がします。これはニュータウンも同様です。
　一方、新世界も白地に絵を描こうとしましたが、大阪の下町の地が透けてしまい、混沌としたのだと思われます。
「夢」を白地に描くか、土地の記憶の上に築くかの2通りがあると思いますが、当社が取り組む日本橋、日比谷は後者でしょう。一方、臨海、豊洲、西新宿は前者だといえます。日本橋、日比谷は歴史の上に魅力のある「夢」を描けると思います。そのような場合にも、阪急の教訓のように、小林のような有能なプロデューサーの存在が不可欠で、「手成り」ではうまくいかないでしょう。

どのように「夢」をプロデュースするか、当社にはビルを建築することとは異なる性質の、むずかしいむずかしい仕事があるようです。

　新しいオフィスのありかたは、そのオフィスの位置する街の魅力と有機的な関係があって、この関係を離れて抽象的に考えることはむずかしいでしょう。われわれのめざす新しいオフィスは、既存の都心一等地が歴史的に築いてきた魅力をさらに発展させる文脈において、はじめて根付くものになるでしょう。
　ICTが世界を均質化してゆくからこそ、個別の街の「魅力」が差別化になります。
　そのために、もういちど、具体的な個別物件の位置している個別の街の魅力をあらためて洗い出すことは、基礎作業として必要と思われます。

オンとオフ（前編）

オンとオフとの区別の成り立ち
On and off duty (part 1).
What separates the two?

　第25号と第26号では、オンとオフについて考えてみます。

　これまでも第18号や第23号で、オン・オフにかかわるテーマにふれてきました。そこで浮かび上がるのは、いま一般で行われているような形でのオン・オフの峻別が自明のものなのか、という問題です。

　たとえば20世紀の工場では、就業時間中は労働者が労働に専念する義務を課すモデルをほぼ一律に採用していました。そこでの会社と就労者との関係は、労働時間をもって労働量を測り、就労者は一定の労働時間の労働を提供する義務を負い、会社はその労働時間中の労働内容について命令するというものです。そして、就労者は、労働法規により一定の保護を受けます。現在のオフィス内でも、このような雇用契約が基本になっています。

　ところで、会社のなかで、オン・オフの区別の適用を原則としては受けない人がいます。それは、取締役や監査役のような役員です。役員は、会社から雇用されているのではなく、会社から委

任を受けている立場です。会社は、役員になる人の人格識見を信用して、業務を委ねます。業務の実施方法は、役員の裁量にまかされています。役員は、オン・オフにかかわらず、常時任務にあるという考えかたです。その一方、労働法規による保障はないので、たとえば、契約存続期間到来で委任を打ち切られることがあります。

現実には、役員規程などで、勤務時間や職務専念義務など、従業員に準じた服務義務が定められることが多いですが、理屈のうえでは、基本的に上記のとおりです。つまり、オン・オフの区別が原初的には存在しないということです。

こういう委任的な働きかたを、一定の制約のもとに、役員以外の就労者に広げることははたしてできるでしょうか。現在の労働法規からは、こういう働きかたは労働法規のがれとして、なかなか認められないでしょうが、政府で検討されている裁量労働制は、このような方向での新しい形を模索するものです。

一方、多くの役員は、委任を受けた立場にはありますが、役員規程の有無にかかわらず、自主的にオン・オフの区別をもうけて

いると考えられます。たぶんそうしないと、自分の納得できる仕事はできないでしょう。また、現実的には、オフィスへの出社・退社をもってスイッチが（本人の自覚的な選択によらないで）事実上切り替わっているのでしょう。

　以上をまとめると、

- オン・オフの峻別は自明ではない
- 裁量労働制のように、委任的な就労形態も模索されている
- けれども、いまのところは、働くうえではなんらかの区別が必要と考える人が多く、事実上、オフィスへの出社・退社がスイッチになっていることが多いとみられる

ということと思われます。

　少なくとも、民間の商売は、いずれも、オフのなかで生業を営む形ではじまったはずです。そのうち、他人を雇用するなかで、拘束時間との関係で、オン・オフの区別が明確化されていったのでしょう。
　しかし、現在において、全従業員一律の時間・一律の場所をもって峻別することが必要かというと、それは会社の業務内容により異なるはずです（次号は、オン・オフの変化の「３つの方向」について発信の予定です）。

第26号 オンとオフ（後編）

変化の3つの方向
On and off duty (part 2).
Three dimensions of change

第26号は、前号に引き続き、オン・オフについて取り上げます。

> 前号の要約
> - オン・オフの峻別は自明ではない
> - 裁量労働制のように、委任的な就労形態も模索されている
> - けれども、いまのところは、働くうえではなんらかの区別が必要と考える人が多く、事実上、オフィスへの出社・退社がスイッチになっていることが多いとみられる
> - 少なくとも、民間の商売は、いずれも、オフのなかで生業を営む形ではじまったはずで、そのうち、他人を雇用するなかで、拘束時間との関係で、オン・オフの区別が明確化されていったものと思われる
> - しかし、現在において、全従業員一律の時間・一律の場所をもって峻別することが必要かというと、それは会社の業務内容により異なるはずである

オン・オフについて変わってゆくとすれば、

①オン・オフの区別の設定方法の選択肢の拡大
②オン・オフの区別の撤廃の方向(裁量労働制など)
③オン・オフの区別のなかで、より相互乗り入れを深める

の3つの方向があると考えられます。
　オン・オフのスイッチとして機能してきたオフィスは、このような変化に対応する必要があります。

　①の方向の変化への対応を考えると、オン・オフの区別の設定方法の拡大は、時間的拡大と、場所的拡大がありえます。企業としては、人件費を増やすことがむずかしいなかでも優秀な人材を確保するために、子育て、介護などの制約で、厳格な労働時間の運用であれば労働市場からの退出を余儀なくされるオフィス就労者を、在宅勤務・サテライトオフィス勤務・時短勤務・保育支援などの方策で活用することを模索しています。

　オフの生活への制約を最小限にするという意味で、このような変化は現実に進行しています。
　子どもがいる状況のなかで、会社に来なくてはできない仕事(打ち合わせなど)があれば出社するが、来なくてもできてしまう仕事(資料作成など)については、出社していなくても仕事と認めてほしい、という母親の声は切実なものです。
　また、小さい子どもをもつワーキングマザー(ファザー)は子どもが目の届くところにいながら仕事をするのがお互い安心でいいのか、それとも、子どもと終日いるのは大変だから、子どもと離れて会社に行くことがリフレッシュになっていいのか、両方の意見があるようです。
　このような声に対応して、会社の制度として、選択肢を広げて

ゆく方向にあるのでしょう。時間的拡大は、オフィスが24時間使えれば、最低限は保障されます。場所的拡大は、サテライトオフィスのようなものが普及すれば、ある程度対応できるでしょう。

②の方向への対応はどうでしょうか。オフィスへの出社・退社ではなく、たとえばパソコンを起動すること、スマホにアプローチすることがスイッチになりうることをいまや認識する必要があります。オフィスのもっていた、場所の状況規定の機能のひとつ（第13号参照）が、変わってしまうということです。オン・オフのスイッチとしてのオフィスの機能が薄まることは、時代の流れでやむをえないものと割り切ったうえで、オフィスに個人生活や公的生活が乗り入れてゆく方向を考えることも視野に入れる必要があるでしょう。

そのなかでも、かならずメンバーがオン状態であることが必要な場面があります。それは、会議です（第12号参照）。

「会議の場所」という状況規定は、オフィスがこれからも持ち続けうるものと思われます。"その先のオフィス"を考えるうえで、会議機能は相当ウェイトの高い要素でしょう。

③の方向への対応については、給与の対価として提供する労働で、通常は苦しいはずの労働時間に楽しさの要素を加えて、生産性の向上を図ることが考えられます。

徳島のIT企業の事例（第9号参照）では、地元の農林業の支援をボランティアで行うことを通じて、本業の生産性の向上、収益機会の拡大を図っています。

これは、彼らにとっての「祭り」であって、地元住民との交流、一緒にイベントをやりとげる充実感が仕事に対するモチベーションを引き上げています。

ベンチャー企業の経営者の一部は、仕事と生きがいが一体化し、オンとオフとの区別がありません（自由な服装はその発露かもしれません）。仕事自体を楽しいと感じているため、仕事の生産性が高いようです。あるIT企業では不規則な生活を送りがちなIT技術者に対して、健康に配慮した食事を提供しているそうです。職場の一角で、従業員どうしが一緒に食事を食べることによって、従業員間のコミュニケーションが築かれます（IT技術者は仕事中、人と話す機会がほとんどないため、精神的にも好ましい効果があります）。

　IT化の進展で事務作業がコンピューターに置き換わっていくなかで、クリエイティブな労働が求められることから、オンとオフの両方にミートするオフィスを追求することが重要だと思います。

 ロンドンの新しいオフィス、
「Pop Brixton」

ICTの進展のなかでの、
現実空間における「場所」
New office style in London by Pop Brixton.
"Location" inside the physical world
with the advancement of ICT

　第27号は、ロンドンで起業家のスタートアップのためのオフィスとして2015年5月29日に開業した、「Pop Brixton（ポップ・ブリクストン）」を紹介します。

　このプロジェクトは、コンテナを利用してつくった数坪のオフィスを貸し出すものです。ホームページによると、地域の通常の賃料の2割から5割程度の賃料ということです。
　建物は輸送用コンテナを再利用したものです。敷地は、ロンドン郊外のランベスの自治体が、ブリクストン駅前の土地を無料で提供しています。
　ブリクストンはロンドン都心から地下鉄で約10分、ジャマイカ系移民の街でしたが、最近は「ブリクストンマーケット」という若い起業家による飲食街で知られています。いわゆるクラシックなロンドン都心とは違う雰囲気で、かつては治安が悪かったようですが、レゲエなどカリブ系の音楽の街のイメージを求めて若者が集まるとのことです。

　ディベロッパーはザ・コレクティブ社、建築はカールターナー社

によるものです。2017年10月までをめどとした暫定利用です。

テナントは、月4時間は地域のために働く義務を負います。自治体が入居企業を育成するイベントなども企画されています。

ホームページをみると、コンテナをクレーンで積んでいる動画があり、建築費は通常のビルとはけた違いに低いと思われます。それでいて、最先端の感性を求めるテナントをターゲットにしたオフィスになっています。

店構えや地名イメージを求めるのではなく、ICTを媒体にした人のつながりのなかで、つながった人々が現実空間において定期不定期に集まる「場所」としてのオフィスを求める、新しい客層が想定されます。

参考文献
Pop Brixtonのホームページ（英文）：http://www.popbrixton.org/
THINK FUTUREによる紹介記事（邦文）：http://miraie-future.net/house/office/startup_community/

第28号 オフィス街の生鮮食料品店

 オフィスで働く女性の
行動パターンとニーズ
Fresh food market in a busienss district.
Behavioral patterns and the needs of
working women

　第28号は、都心オフィス街の生鮮食料品店についてとりあげます。

　オフィスビルは、街の景観の重要な構成部分であるとともに、その街に購買力のある良質な顧客を送り込むことが期待される存在です。オフィスビルの就労者を、その街の固定客としてみなし、街を回遊するリピーターとしてゆくことが、その街の活気を高め、オフィスビルの立地評価を高めることになります。

　街としては、オフィスビルの就労者を街のお客さんとして、もっとたくさん受け入れるためにできることはないでしょうか。
　たとえば、オフィスビルの立地する街のなかに、日常使いのできる大きな生鮮食料品の市場があると、どうなるでしょうか。
　いまは帰宅時に、ターミナル駅や自宅の最寄りで（たまにデパ地下で）食料品を買っているオフィス就労者（とくに女性）が、自分の勤めるオフィスビルのある街で買って帰るイメージです。
　かつて日本橋では、東急百貨店の地下は、日常使いのできる価格帯の食料品店になっていて、高級品中心の三越や髙島屋とうま

く住み分けていたと思います。

　時間帯によって、下町の主婦が多かったり、オフィス帰りの勤め人が多かったりで、土日・平日を問わず、地下はいつもにぎわっていたのを懐かしく思い出します。

　ニューヨーク・マンハッタンに、「チェルシーマーケット(Chelsea Market)」という大型食料品店のモールがあります。

　当社のハドソン・ヤードから南に徒歩で20分弱の位置にあり、オフィス街の真ん中ではありませんが、都心に位置づけられる立地です。生鮮を含む食料品店を中心とした店舗構成で、年間600万人が訪れるとのことです。

　ナビスコの古いビスケット工場のレンガつくりの建物をそのまま使っています。高架貨物鉄道の跡を空中公園にした「ハイライン」がこの建物の上に通っています。

　商品の価格帯は日常使いにするには高そうですが、ひとつの参考になると思われます。

　また、シンガポールの都心では、オフィス就業者が大型スーパーマーケットやフードコートを利用しやすい環境のようです。

　ほかの都市の事例は単純にまねればよいというものではありませんが、オフィス街に共存する食料品店の事例を知っておくことは有益と思われます。

　女性が当たり前に働く世の中では、オフィス街に生鮮食料品店があったほうが、働きやすいと思います。

　現状でも、昼休みに買い物をすませて、会社の冷蔵庫に入れているかたがいます。残業した後も、会社の近くで時間の無駄なく買い物をすますことができると便利です。

　働く女性の行動パターンを分析すると結構おもしろいのではないかと思います。時間がないなかでも、安価で高品質なものを求め、わざわざ遠いお店に出向く人が多いのではないでしょうか。

　さらに、オフィスにキッチンがあって、手すきの時間に夕食を調理して持ち帰れたりするとよいかもしれません。

　時間のない働く女性にとって、食料品店のロケーションはその日の行動を決めるのにとても重要な要素だと思います。

参考文献
チェルシーマーケットのホームページ（英文）：http://www.chelseamarket.com/
「ニューヨーク・ナビ」のチェルシーマーケットの紹介記事（邦文）：http://newyork.navi.com/special/5049922
「シンガポール・ナビ」のシンガポールのスーパーの紹介記事（邦文）：http://singapore.navi.com/special/5037025

オフィスのお客さまの視点で考えるBCP

「場所」への信頼、
お客さまに届ける安心のメッセージ
Reflecting on BCP from tenants' point of view.
Building confidence toward "Location," and
delivering the message of safety to all tenants

　第29号は、BCPについて、オフィスで就労しているお客さまの視点でながめてみます。

　BCP(事業継続計画：Business Continuity Plan, Business Contingency Plan)とは、偶発的事象が発生した場合の企業活動の継続を図るための計画です。

　東日本大震災以来、BCPを意識する企業は増えています。それとともに、すべての心配事を網羅的に予防することがむずかしいことも、大自然の脅威を目にして、再認識させられました。
　BCPは、日常ではあっては困る事態を想定することになるので、プロは別として一般のお客さまでは、なかなか具体的に意識したくない人も多いのではないでしょうか。

　このシリーズでは、「場所の意味」についていろいろな角度で考えていますが、BCPは、まさに、その場所で誰が現実にどう対応するかという話ですので、こればかりはバーチャルリアリティやネットだけでは完結できないことです。

　BCPが充実したオフィスであるということは、その場所に意味(価値)をもたせる一要素ということになります。
　BCPが充実した場所であることを、日常において自然にアピールできれば、その場所の価値がもっと認識されるのではないでしょうか。

　伊東のホテル「ハトヤ」では、自社で消防車を保有しています。ホテルの安全性の宣伝のためという意味合いで、実際にはマスコットのような消防車です。
　緊急用車両の許可がとれないので、赤い警報灯を点灯して公道を通行することはできないようです。それでも、訓練のためには十分活用できるもののようです。
　ちなみに、消防車の私有は、法的には一定要件で認められるようで、石油会社が備蓄基地に保有していたりします。新車では結構高価なものでもあります(消防車メーカーの「モリタ」のホームページでみたところ、ポンプ車で1300万円ぐらいから、はしご車で5000万円ぐらいから)。

　専門的にみれば、オフィスビルでは、消防車をもっていても、ある階以上の消火活動にはあまり使えないでしょう。消防署でもっているような、たとえば連結送水管などを自前でもつほうが効果があるでしょう。
　装備としては、担架や車椅子、男女別のトイレや着替え場所など、充実が望ましいものもまだたくさんあります。
　災害において、「ここはまったく安全」ということは、およそどこの誰も言えないことで、女性や高齢者や体の弱い人にとっての安全・安心を考えると、ビル運営者が講じてゆくべき対策はまだまだあります。

それとともに、ビルを利用するお客さまにビルという「場所」を信頼していただくことは大事なポイントです。
　ハトヤの事例は、実用性はともかくとして、こういう意味でお客さまに届くメッセージが感じられます。
　完全に安全とは誰も言えないということを前提にしつつも、安全性を高めるためにビル運営者が日々努力していることを伝えることで、信頼を高めることができるでしょう。
　そして、ビルという「場所」への信頼を築いていくうえで、日常的に届けていきたいメッセージを考えてみることが重要でしょう。

　非常時の電源供給など、自分が入居しているビルにどのような備えがあるか、知っている人は少ないと思います。
　オフィスビルで働く人にとって、自分が働いているビルにどのような備えがあるかは重要であり、ビル運営者はもっと周知する必要があります。
　たとえば、館内の掲出や、エレベーターのモニターに映すビデオなどで、災害時にそのビルにどのような備えがあるかを紹介するようなイメージです。
　ビル運営者が日々の備えをおこたらないのはもちろんですが、安心のメッセージを届けることには意味があると思います。

ホテルにまなぶ オフィスのホスピタリティ

お客様の「想定どおり」に答える、
グレード、期待を超えたうれしいおどろき
Hotel-like hospitality services to office buildings.
The pleasure of going beyond the expectations of all tenants

　第30号は、オフィスビルでのホスピタリティについて考えてみます。

　第20号でもふれたように、オフィスビルをオペレーショナルアセットとしてとらえた場合、ビル運営者のサービスにおけるホスピタリティが重要になり、米国のビル会社でも、一流ホテルのコンシェルジュに指導をしてもらったりしています。

　ホテルとオフィスビルとの大きなちがいは、前者が非日常のもてなしであるのに対して、後者が日常のもてなしであることです。
　ホテルは、そこを住まいとしているごく少数の人々を除外して考えれば、仮の宿です。さらに、高価格帯のホテルでは、お客さま１名にスタッフが複数名配置するなど、それこそ日常では考えられない手厚いサービスが行われます。
　一方で、オフィスビルは、就労者にとっては毎日の職場であり、就労者はサービスを受けることを目的にオフィスビルに来るわけではありません。
　たしかに、そこは両者で異なる点といえます。

しかし、その一方、ホテルは、非日常を演出しながらも、日常をあたりまえにこなしてゆくという面があります。

ホテルに宿泊する旅行客にとって、もっとも気がかりなのは、予定どおりに旅程が進むかどうかです。

予期せぬハプニングがなく、想定どおりにものごとが円滑に運んで、交通機関の出発時間に遅れることもなく、無事に帰宅できることが必要です。

そういうお客さまの「想定どおり」をスムーズにとり運ぶことが、スマートなホテルサービスの基本にあると思われます。

ロビーでも、フロントでも、客室でも、食堂でも、ティールームでも、お客さまの「想定どおり」のものを「想定どおり」の礼儀とスピードで提供するということです。

基本をすいすいとなんの滞りもなくこなしながら、なおかつ一定以上の品格あるもてなしを行う、それが365日変わらない、それが一流ホテルのホスピタリティといえるでしょう。

帝国ホテルなど老舗の一流ホテルのスタッフに感じられるのは、お客さまの、高い要求水準での「想定どおり」を、期待にたがわずこなそうとする緊張感だと思います。

そういう基礎があったうえで、お客さまに期待以上のうれしいおどろきをひとつでも届けられれば、一流のサービスにさらに花を添えることができるでしょう。

オフィスビルでも、こういう「お客さまの『想定どおり』をスムーズにとり運ぶ」という観点で考えるとどうでしょうか。

オフィスビルの就労者にとっての「想定どおり」は、たとえば、

- エレベーターが混んでいたために、始業時間や会議に遅れてしまわないこと

- 会議でプロジェクターやマイクが故障したり、テレビ会議がつながらなかったりするようなハプニングのないこと
- コピー機がつまってしまって、機密書類の原紙やコピーが取り出せないような事態にならないこと
- 昼食でシャツにはねてしまったソースをつけたまま午後をすごさなくてもよいこと

など、具体的に細かく考えられるでしょう。

　こういう思考実験を細かく行ったうえで、一定の品質でサービスを提供し続けることが可能な事項を洗い出してゆくことが必要でしょう。

　ホテルチェーンでは、複数のブランドをもち、営業しています。ブランドを複数もつことによって、ブランドごとに、事業者、顧客が想定するサービス水準を設定しています。サービス水準は価格設定と密接に関係するので、顧客に誤解を与えるとサービスに対する期待が失望に変わります。また、利用者が一部に限られるサービスは、除外したり、利用者負担にしたりするなど、コストや公平感を考慮する必要があります。

　オフィスビルでも、グレード分けを行い、サービス水準を設定することが重要だと思います。ハイグレードのオフィスビルでは、たとえば「会議室ディレクター」のような、人によるサービスを検討できないでしょうか。

　このように、お客さまの「想定どおり」を、期待にたがわず、365日こなしてゆくことが、ホスピタリティの基礎となり、商品差別化のポイントとなると思います。そのうえで、お客さまの期待以上のうれしいおどろきを届けられれば、さらにすばらしいと思います。

オフィスストックの利用

歴史の記憶との接続、
場所のイメージを喚起する力
Utilizing office space : connecting with the past. The power of creating images of location

　第31号は、オフィスストックの利用についてとりあげます。
　新しいオフィスのありかたをめざすということは、スクラップ・アンド・ビルドですべてをまっさらなオフィスビルに建て替えることを意味するわけではありません。現在使われているストックについて新しい使いかたをすることも含まれます。

　たとえば、パリの中心部では、19世紀当時のセーヌ県知事・オスマン（Georges Eugène Haussmann）による都市計画でつくられた建物の外壁・高さは、原則として法的に変更できないことになっており、内装だけを変えて使うのが通常といわれます。そのなかで、店舗・オフィス・ホテル・住宅が共存する街並みになっています。

　東京の場合は、震災や戦災を経験するなかで、ロンドンやパリのように建物を200年という期間で使い続けるという発想はこれまであまりなかったと思われます。
　ところが、いまや関東大震災から92年、戦後70年が経過し、この間に建設された建物のなかには文化財的な価値が認められるも

のが増加しています。

東京でいえば、三井本館や髙島屋日本橋店はその代表例でしょう。大阪では大阪ガスビルや大丸心斎橋店本館などがよく挙げられます。

1933年（昭和8年）竣工の大阪ガスビル（大阪ガスのHPより）

このようなビンテージ物件も含めて、オフィスストックを、これからの時代に合わせて、どのように使ってゆくかが、最近注目されています。とくに、1階などの広い空間は、昔のように銀行や証券会社が広い営業スペースを必要としなくなっているので、活用に工夫が必要です。

オフィスストックではないですが、広い空間を活用したおもしろい事例として、オランダで13世紀の大きな教会堂の空間を書店に用途変更した例があります。

マーストリヒトにある「ドミニカネン（Dominicanen）」という書店で、英国の新聞『ガーディアン』が世界でもっとも美しい書店のひとつに選んでいます。

広いだけでなく天井も高い空間に、背の高い書架を配置して、約500万冊の書物をそろえています。

教会堂は、かつてはたくさんの人が集まる公的な場所であり、かつ文化にふれる憩いの場所であったので、そのような歴史の記憶に接続する用途として、巨大な書店を思いついたのでしょう。

建築物のリノベーションについて、欧米での用語の使いかたを調べると、

- その建物の現状の姿を維持するもの（preservation）
- その建物の現状でいたんだところをなおすもの（rehabilitation）
- その建物の最盛期を忠実に再現するもの（restoration）
- いったんなくなってしまった建物を新築で再現するもの（reconstruction）
- その建物の用途をがらっと変えてしまうもの（adaptive reuse）

など、細かく使い分けているようです。
　ドミニカネンは"adaptive reuse"にあたり、東京駅は"restoration"に近いでしょう。古いビルの外壁だけを再現するのは、"reconstruction"に含められるでしょう。

　20世紀以降の建築の保存や活用は、ヨーロッパだけでなく、カナダやアメリカ東海岸やオーストラリアでも取り組まれています。歴史が比較的浅い国では、20世紀初頭の建築物は、すでに歴史的価値があるとみなされており、昭和の建築物を活用するのに参考になる事例がありそうです。

　テナントに響くオフィスとは、かならずしも新品だけではないはずで、テナントのニーズに対してミスマッチであれば、最先端の性能があっても、お互いハッピーではありません。リノベーションしたビンテージビルには、人々の記憶のなかに累積してきた、その場所のイメージを喚起させる力があり、そういう力を企業文化に活かしたいというニーズはありうると思われます。リノベーションには、活きていない記念碑ではなく、活き続ける場所

をつくるという、前向きな意味があります。

参考文献

BS朝日「世界で最も美しい書店」ホームページ（ドミニカネンについて）：
　　http://www.bs-asahi.co.jp/bookstore/content04.html

芝川ビル公式サイト：http://shibakawa-bld.net/
　　1927年（昭和2年）竣工の芝川ビル（大阪市中央区）の事例（"adaptive reuse"の事例）

オフィスと動植物

就労者の楽しみの場所、
毎日来たくなるオフィス
The joy of office life with plants and animals

　第32号は、オフィスと動物・植物についてとりあげます。

　オフィスビルでは、ペットの持ち込みは禁止のことが多く、植物はビル運営者が管理する植栽や、テナントで購入したり借りたりする観葉植物の鉢があって、たまにお祝いの胡蝶蘭が届いたり、オフィス就労者が個人の机で小さな植木鉢でサボテンなどを育てていたり、花瓶に花を生けていたりといった形が多いでしょう。

　ところが、職場に動植物があることにより、就労者の心にプラスの効果があるということで、新たな試みがなされています。

　たとえば、オフィスにペットを連れて来ることを認めたり、オフィスで犬やヤギを飼ったりしている事例もあります。日本オラクルは1991年から「社員犬」を飼育しています。パソナではヤギを飼っていて、日中はロビー、夜間は屋上で生活させているとのことです。グーグル、アマゾンなども、アメリカでは、従業員がペットの犬を職場に持ち込むことを認めています。最近はセラ

ピー犬として開発されたラブラドゥードルのような犬種もあります。

植物については、たとえば、やはりパソナが、大手町の自社ビルで、季節の植物を外構や外壁に飾って、企業イメージとして積極的に打ち出している例があります。バラの時期に大手町の本社前を通ると、いろいろな種類と色のバラが敷地にも外壁にも咲いていて、かぐわしい風がふいてきます。

一般的に、オフィスビルでは、外構やパティオや屋上があっても、そこにオフィス就労者が花や野菜の鉢や盆栽を育てることを認めている例は少ないようです。工場などでは、植木鉢がいくつか、こっそり敷地の片隅に置かれていることはないでしょうか。

動植物については、いろいろな懸念があることも事実です。

動物は、人により苦手ということもあります。糞尿、鳴き声、抜け毛、噛みつき、病気の伝染といった心配もあります。

植物も、公開空地では、公開の建前があるので、オフィス就労者の鉢を置いたり、だれか専用の畑にしたりすることはむずかしいでしょう。

また、私物である鉢をじかに土地の上に置かせたり、畑を利用に供したりということは、約束がはっきりしていないと、権利的な懸念もあります。

このように、いろいろの懸念はありますが、ルールを設けることで、ある程度実現の可能性はあるのではないかと思われます。

動物については、盲導犬対応をまず充実させ、それから段階をふんでゆく必要がありそうです。

植物については、現時点でも、ビル運営者の工夫により、テナントにとって楽しい場所を演出することができそうです。テナントの就労者が、わずかな手すきの時間に、鉢に水やりをしたり、隣の鉢の主と植物談義をしたり、年何回か品評会を実施したり、というイメージです。ビル運営者が、植木鉢を置く場所を指定し、花物、野菜、盆栽など各種作物の鉢が混在しないように景観をアレンジすることが考えられます。休日や、出張などの場合は、就労者の予約があれば、ビル運営者で水をやるサービスも考えられます。

　ちなみに、住友商事の神保町シーズンテラスには低層部の屋上にレンタル菜園があり、1畝4万円/月坪で貸し出しています。業者の栽培料込みとのことで、同ビル内のレストランが借りているようです。この金額ではテナントの就労者が菜園を借りることはむずかしいでしょう。

　テナントや地域の人から、園芸ボランティアを募集して、外構のガーデニングをお願いするという方法もあります。すでに都内の公園では、園芸ボランティア制度が定着しています。

　オフィスビルに楽しい園芸の場所があれば、いくらICTによるテレワークが進んでも、かわいがっている植物に水をやりに、毎日オフィスに来たくなるでしょう。

参考文献
日本オラクルのHP（社員犬について）:
　　http://www.oracle.co.jp/press/wendy/doc.html
パソナグループのHP（ローズフェスタについて）:
　　http://www.pasonagroup.co.jp/news/company/2015/p15042701.html
生きた動物ではありませんが、大和ハウスのセラピーロボットのパロについて:
　　http://www.daiwahouse.co.jp/robot/paro/

オフィスと和風

和室の会議室、床の間空間、坪庭……
Adding a touch of *Japan* to conference rooms, courtyards and 'tokonoma' alcove in office buildings

第33号は、オフィスと和風文化について考えてみます。

オフィスという空間は、第19号でもふれましたが、靴をはく勤務形態とともに日本に導入されたものです。

明治になるまでは、三井・住友・鴻池のような大店でも、土足のままで執務するということはなかったわけです。

一方で、住宅においては、日本人の日常生活もずいぶん洋風化しましたが、自宅で土足というお宅はごく少ないのではないでしょうか。靴をぬいだ空間がくつろぎの空間ということで、靴の着脱によって場所を使い分けることは、国際的にみて日本の特徴といえるでしょう。

ところで、当社グループでも一部で採用されていますが、会議スペースに小上がりを設けて、靴をぬげるようにしているところがあります。和室の会議室は、椅子の配置が不要で、机がまんなかにひとつあれば会議ができます。くつろいだ、うちとけた空間を会議参加者が共有するという効果が期待されます。

室内ではあぐらでもよいこととし、座敷に座り慣れない外国人や足に負担のあるかたのためには、座イスや、腰がかけられる大きさのクッションなどの配慮をすることが必要でしょう。

和室の会議室には、ほかにも効用があります。災害などでオフィス内に宿泊する必要のある場合には、簡易ベッドを置かなくても寝室にすることができます。冬場にオフィスのリノリウムの床に寝袋を置いて寝ると体を冷やしてしまう可能性がありますが、畳の部屋であればある程度保温の効果があります。

また、日常的に、ちょっとした体操や仮眠のためにも便利です。礼服への着替えも楽です。妊婦さんが少し休憩するといった使いかたもされています。

移転前の日本オラクルの紀尾井町のオフィスには、照明の工夫がされた和室の瞑想の間がありましたが、和室の会議室をそのような用途に使うことも考えられます。

さらに、会議室の仕切りがふすまであれば、これをとりはずせば簡単に大広間をつくることができます。

そのほか、オフィスにとり入れられそうな和風のものとしては、床の間のような空間が考えられます。

床の間は、掛け軸や花などによって、その場所のその時のテーマを示す、アイコンの働きをします。

オフィスにおいては、書院の床の間の形をそのまま再現するというのではありませんが、そのような場所のテーマを示すアイコンの働きをする空間を設けることが考えられます。

会社の標語が受付や社長室に飾ってあったりするのは、そういう働きの空間の例とみることができます。

　オフィスビルの外構や中庭に、和風の坪庭をつくるというのもおもしろそうです。

　坪庭であれば、たとえ1坪もない小さなスペースでも、また屋内にもつくることができます。

　観光地に出かけなくても、質のよい日本庭園を日常的にみることができれば、就労者のやすらぎに役立ち、また外国人の就労者や来館者が日本のよさを味わう機会にならないでしょうか。

参考文献
坪庭の例（NHKのHPより。テレビ番組「美の壺」file219で紹介されたもの）：
　http://www.nhk.or.jp/tsubo/program/file219.html

外国企業の
オフィス選択の要素

プロセスのなかで有機的につながる要素群、
コンシェルジュビジネス
Foreign companies' office selection
process：offering concierge services
by organically linking key elements

　第34号は、外国企業のオフィス選択の要素について考えてみます。

　以前、アウトバウンドの勉強をしていたときに、ある国にはじめて進出する場合に、具体的にどう準備してゆくのだろうか、考えたことがあります。

　最初はホテル住まいをして、ホテルの電話や電気・水道を利用し、ホテルで呼んだタクシーで移動するところからはじまるでしょう。
　その国の日本人会や、日本人向け新聞社などで、現地情報を得るでしょう。
　ビザの取得やビジネスの許認可のために、現地の弁護士を探したりするでしょう。
　そのうち、ビジネスになりそうだということになると、事務所開設となります。現地法人なり支店なりの許認可をとることと平行して、オフィスと住宅を探すことになります。
　国によっては、不動産を借りても、すぐに電気や電話が使える

とは限らず、場合により現地スタッフを雇って、供給会社や職人の手配を進める必要があります。

立ち上げの段階では、着任した人数も少ないので、なるべくアウトソーシングで間に合わせるでしょう。

住宅は、家族を同伴する場合は、子弟の学校の通学に便利なところを選ぶことになります。

子弟が帰国したときの進学に困らないように教育内容や制度が整った学校は限られます。また、子どもが毎日通うので、スクールバスの沿線や、自動車通勤の途中での送迎に便利な場所に住宅を選ぶようになります。

近くに外国人向けの食料品店や、外国語の通じる病院があることも必要です。政変や災害があったときにかけこめる、大使館や領事館が近いことも、場合により勘案する必要があります。

そういう外国人向けの住宅地域は、どの都市でもおのずと限られてきます。

オフィスは、そういう住宅から通勤しやすい場所で、かつ現地でも官庁や有力な企業が集まった場所に選ぶことになります。

オフィスの入居する建物じたいの信頼性・快適性はもちろん重要です。

これらの要素を備えた場所は、やはりどの都市でもおのずと限られてきます。

以上はわれわれが外国に進出する場合のプロセスですが、ひるがえって、日本に進出する外国企業は、まさに一度はこのようなプロセスをたどるはずです。たとえば、インバウンド観光が大きく成長しているので、旅行会社など日本進出を考えている企業は

多いと思います。

　このプロセスのなかに、外国企業がオフィスを選ぶときにかならず配慮するであろう要素群が浮かび上がります。これらの要素群は、プロセスのなかで有機的につながっています。
　こういう要素群のつながりをふまえていないオフィスビルは、選ばれにくいということになります。

　また、このような要素群のつながりのなかに、ビジネスのヒントがころがっているかもしれません。
　日本の英字新聞をみると、日本に来たばかりの外国人をターゲットにした不動産会社の広告がよく出ています。そういう外国人は、ほとんど知り合いのいない国で、ホテルで配られた英字新聞で目にした広告をわずかな手がかりにして、インターネットの助

けを借りながら、手探りでその国のビジネスを開始しているのでしょう。かれらは、信用ある現地スタッフのサービスを望んでいるはずなのです。進出企業は現地の人脈を探しているので、その人脈に誰がまずつながってくるかで、その企業の日本でのスタートもだいぶ変わってくるように思います。

　その人脈にわれわれがまずつながるために、日本進出コンシェルジュとして、オフィス・住宅の提供のみならずいわば丸抱えでサービスの機能を担うことは、ビジネスとして可能性があるのではないでしょうか。

参考文献
東京国際フランス学園のHP：
　　http://www.lfitokyo.org/index.php/infos-parents/transports
　　（東京都北区滝野川にある同学園までの通学バス 8 経路の路線図があります）

第35号 企業へのコンサルティング

keyword　相互補完関係、セイムボートの信用
Embarking with clients in the same boat. Consulting services based on mutually complementary relationship

第35号は、企業へのコンサルティングについてとりあげます。

先日、あるシンクタンクの研究員に、こんな質問をしました。
「貴社は各業界に精通した人材をかかえておられるので、たとえば企業に新しいビジネスの提案をされることがあるのではないですか？　弊社はいろいろなテナントさんのトップクラスに会えるルートをもっているのが強みです。そのルートで、貴社のそうそうたる専門家の提言を持ち込むようなタイアップはできないものでしょうか？」

回答はこうです。
「それはむずかしいでしょう。企業のかたから新しいビジネスについて提案をするようにコンサルティングを発注されている場合は別ですが、そういうきっかけがない場合、こちらから提言を持ち込んでも、事業として成功した事例がまだありません。各企業とも、自分がプロという意識が強く、シンクタンクの専門家の提言だからといってすなおに耳を傾けてはくれません」

　このやりとりで考えたのは、「プロの企業が耳をかたむける相手は、やはりプロの企業である」という仮説です。
　企業は、その企業とは別の分野のプロの企業が、「いっしょに仕事をしましょう」、という持ち込みをすれば、耳を傾けるのではないでしょうか。
　プロの企業とは、業界事情に精通した専門家とは、その業界で実際にリスクテイクをしているという点で、異なるものです。

　当社が不動産のプロの企業として話をすれば、他業界の企業は耳をかたむけるでしょう。
　ひとくちに「不動産」といっても、当社がプロであるレンジは、地租業務・売買・開発・建物管理・清掃・会議室サービス等々、相当に広いので、その部分部分を意識してセグメント化して、プロとして提案してゆくことが有効でしょう。
　お互いにWin-Winの関係、1＋1以上の関係となるためには、お互いの本業と「相互補完関係」が成り立つかどうかが重要です。そうでないと、本業から遠いほうの会社は、お金を出すだけの投資家とあまり変わらなくなってしまいます。また、もちろん1対1に限らず、複数の企業が連携することもありえるでしょう。

　一方、企業が、自社本来のフィールドではない、新しいビジネスのアイディアを発展させたいというときには、当社がそういう分野のプロの企業を連れていって紹介することが有効でしょう。不動産業的な表現でいえば、当社が仲介するということです。
　ICTで手軽に見知らぬ人とつながれる時代ですが、あるレベルのプロの企業どうしが過度に警戒することなく接触して協力関係を結ぶためには、信用ある企業が仲をとりもつということは有効と思われます。

テナント企業どうしを仲介する場合、その事業から積極的に利益を得ようと振る舞う総合商社と、ある程度黒子役に徹して事業の成功をサポートする当社とで差別化ができるとよいと思います。ドライとウエットの違いともいえるでしょうか。

　さらに、複数のプロの企業どうしが、新たな接触・出会いをもてるような仕組みを当社が主催するということもおもしろいでしょう。
　商工会議所や、各種の経営者倶楽部は、こうした機能が期待されており、商工会議所では現実にそういうスタッフも置いているようです。

　プロの企業どうしが新たな接触をもつような場所は、当社ならではのオリジナルなものができたらと思います。

　当社が日本橋で運営している実験的オフィス「Clipニホンバシ」は、大企業とフリーランスのかたといった、普段出会わなそうな組み合わせをつなぐ場をコンセプトとしていますが、1か所だけでは広がりに限界があるのであれば、こういう現実の場所と、場所にとらわれないインターネットとの掛け合わせを試みて、全体としてオリジナリティのある出会いの場所ができるとよいと思います。

　当社が差別化できる点があるとすれば、企業が当社ビルに本拠を置いて、当社といわば毎日起居をともにしているなかでの信頼関係でしょう。
「あとで顔が合わせられないような変なことはしないだろう」「逃げたり隠れたりしないだろう」という信頼関係の値打ちを、われわれはもっと意識してよいと思います。
「セイムボート（same boat）に乗っている」ことが差別化になり、いっしょに「場所」を共有していることがまさに力になるわけです。

ライフスタイルの変化と都市構造の変化

コンパクト化の加速、
「近・新・大」に代わるキーワードの模索
Changing lifestyle and urban structure: going 'compact' and re-evaluating the concept on *near, new and spacious* in urban life

　第36号は、ライフスタイルの変化が都市構造に与えている影響についてとりあげます。

　かつては、サラリーマンの住宅については、すごろくのような住み替えがされていました。
　たとえばはじめは単身でアパートに入居、つぎに結婚してしばらくはもう少し広いアパートで、それから都市近郊のファミリー向けマンションを取得し、その後買い替えを経て、郊外の戸建てに落ち着くというものです。
　このような住み替えは、専業主婦が家庭にいること前提でした。専業主婦が、最寄りの商店街に買い物に出るほかは、基本的に自宅にいて、そこで子育てをするということで成り立っていました。
　ところが、女性労働力の活用が進み、共働きがあたりまえになってくると、主婦も仕事と家庭との両立の必要から、職場に近いところに住みたいというニーズが高まります。これは時間の重要性が増すということでもあります。
　一方、シニア世代は、子供が独立した後は、郊外の戸建てより

も、利便性を求めて、ターミナル駅周辺さらには都心のコンパクトなマンションを求める傾向が表れています。

最近の東京湾岸部（中央区・江東区・港区）の新築タワーマンションが人気なのは、このような変化が原因と思われます。

第16号でもふれましたが、東京はライフスタイルの変化に対応してコンパクト化しているということでしょう。

ライフスタイルの変化は、女性の社会進出などをはじめ、「生活革新」という、経済の質的な変化に根ざすもので、一時的なはやりすたりではないと思われます。

その変化は、一見緩慢に見えますが、これから人口減少が進むことも考え合わせると、今後加速化する可能性があります。

オフィスビルの側でも、都市のコンパクト化への対応を考えなくてはなりません。通勤時間の要求水準は、ここ10年で相当高くなっていて、昔のように通勤時間に1時間かかることが普通という時代ではないようです。

未就学児童のいる共働きの就労者が通勤に堪えられる時間の許容限度は、最寄駅の改札口からの徒歩時間も含め、相当短いと思われます。

そのほか、買い回りなどの利便性の要求に答えることも必要でしょう。

ここ10年、オフィスビルは「近・新・大」の時代といわれ、都心・駅近（近）で、築浅（新）で、フロアプレートの大きい（大）物件と、そうではない物件とでは、競争力の格差が拡大してきました。

いまや、「近」の意味が、「都心に近い」「駅から近い」という

意味にプラスして、「居住地から近い」という意味を含むように変化していると思われます。

そうすると、残りの「新」「大」の要素も、変化の可能性があります。それは、たとえば、オフィスだけでなく、大小の店舗やホテルやホール、住宅等の多様な用途が共存する街のあり方を実現する「ミクストユース（mixed use）」という言葉が示唆する方向への変化なのでしょうか？

意味が変わってきた「近」の次には、どんなキーワードがくるのか、「その先の、オフィスへ」を考える中でみつかるような気がします。

参考文献
大和総研「2015年、変貌するライフスタイルの行方」：
　http://www.dir.co.jp/consulting/theme_rpt/human_rpt/20141016_009037.pdf
　（コンサルタントが想像した未来のライフスタイルが読み物にまとめられています）

第37号 オフィスと地元の街で共有される場所

keyword

共通の言葉で語れる経験の共有、
「大事にされた」場所が形成する魅力
Office building and its neighbors sharing a common ground. Historically well-valued area

　営業企画チームのシリーズ発信第37号は、オフィスと地元の街とで共有される場所について考えます。

　現在「コレド日本橋」のある場所は、江戸時代には白木屋（しろきや）という大きな呉服店がありました。
　このあたりは、江戸時代、地元の人々が上水に難儀したことから、白木屋二代目当主大村彦太郎安全は、私財を投じて1711年に井戸掘りに着手し翌1712年に清水が湧き出すと、店内外の分けへだてなく上水を利用させ、「白木屋の井戸」として有名になりました。

　白木屋は昭和まで続きましたが、その後東急百貨店となり、現在は縁あって当社で日本橋一丁目三井ビルディング・コレド日本橋を運営することになりました。井戸は戦前には枯れてしまったらしく、東急百貨店の時代には長らく水道水で再現した泉水が1階玄関にありました。現在泉水はコレド日本橋の北側の公開空地に水道水で再現されています。

歌川広重による白木屋の浮世絵「日本橋通一丁目略図」（図中央の丸い傘は住吉踊りの大道芸人の一行）

井戸を掘ったときに、観音像が出てきたという伝説があり、この観音像は白木観音として長く同地にまつられていましたが、東急百貨店の建物を解体するときに、江戸時代以来の地元から引き離されてしまいました。

いまは浅草寺の淡島観音堂（浅草寺本堂の西側の諸堂塔のなかにあります）にまつられています。

一方、白木観音の隣にまつられていた藤吉稲荷がどちらに移されたかはわかりませんでした。

白木屋の井戸の事例は、いまでいえば大企業が、地元の街のために、インフラを提供したということになります。

地元の人々は、街のために私財を投じた白木屋に好感をもち、このことを長く記念して、地域として、白木屋といっしょに観音像を約300年の間まつってきたのでしょう。

オフィスと地元の街との関係が良好であることは、オフィスにも街にもメリットのあることです。

オフィスにいる企業が、街のお祭りや美化活動に参加する例は多いです。街の人々も、オフィスビルに入っている店舗や医療施設を利用するでしょう。地元の商店にとって、オフィスの就労者は、お客さまになりえます。

このような良好な関係により、オフィスと地元の街とがセット

で、街の魅力を形成して、人の流れを呼び込むことで、「場の力」を強めることができます。

　オフィスビル単独の力だけ、あるいは地元の街の力だけの場合よりは、相乗効果が期待できることはまちがいありません。

　そのためには、オフィスで働く人と、地元の人とが、共通の言葉で語れる経験を共有できることが必要です。

　街の緑化、地元の神社のお祭り、あるいは地域の防災活動などはよい機会となるでしょうが、その舞台となる場所があることが前提です。

　街かどの花壇や、地元の神社・観音・地蔵などや、公園・公開空地や、歴史を刻む古い建物・橋や石碑などが、そのような場所になりえます。

　たとえささやかなものであっても、そういう場所がひとつでも多くあることが大切です。

　そして、共有化されて人々に大事にされている場所が、街の魅力をかたちづくります。人々に大事にされていない場所は、いくら立派であっても、魅力にはなりにくいはずです。

　2015年7月26日に、毎年恒例の名橋日本橋の橋洗いがありました。

　日本橋企業の皆さんなど老若男女総勢1,850名が集まり、橋を洗っている光景は、日本橋への愛着を率直に感じさせるものです。

　地元のこうしたイベントは体験することで、街の一員という気持ちが芽生え、街への愛着が生まれると思います。

　橋のたもとで、日本橋の角のスターバックスがテントを張って、無料でアイスコーヒーをふるまっていました。チェーン店でもこうした地元のイベントへの貢献をしているのが印象的でした。

　こうやって人々に大事にされていることを通じて、名橋日本橋は街の魅力を発信しているといえます。

　昔は豪商などが私財を投げ打って好況のためにインフラ整備を行ったものですが、現在の企業は理屈が通らないとなかなかカネを出せません。
　ディベロッパーとしては、資産を保有する地域の価値を上げて、収益として回収するという理屈が成り立てば、街の魅力のためにできることがいろいろありそうです。
　当社は日本橋に本拠を置くディベロッパーとして、日本橋室町の福徳神社に社殿を提供し、街を訪れる一般の人にも開放しています。
　このような比較的大がかりなことは、そう頻繁にできるわけではないでしょうが、大小の実績の積み重ねで、「場の力」を強めてゆければよいと思います。

　最近、当社はBCP対応のために、主要ビルに非常用井戸を掘っています。日本橋一丁目三井ビルディングにも、2014年に非常用井戸が掘られました。

歌川国貞による白木屋店頭の浮世絵

　江戸時代以来の白木屋の井戸が、今度はBCP対策の非常用井戸として復活したといえます。人々に蓄積されている場所の記憶が、おのずとこういう形で表れたともいえるでしょう。

　白木観音や藤吉稲荷が、江戸時代からおられた地元の街に再び迎えられる日が、いつか来るでしょうか。

　それとも、新しく迎えられた土地で大事にされていれば、それはそれでよいのでしょうか。

参考文献
中央区観光協会のHP（名水白木屋の井戸）：
　　https://www.chuo-kanko.or.jp/guide/spot/nihonbashi/nihonbashi_16.html

> **補足**
> 　佃島（中央区佃一丁目）の住吉神社は江戸時代から白木屋と縁があるとのことで、白木屋にあった大弁財天は1839年に境内の龍神社に移されています。

オフィスと会員制倶楽部

「キャンパスライフの大人版」の楽しさ、
会員構成の編集力
Office and membership club : enjoyment of a grown-up version of college life. Compilation of diversified members' work

　第38号は、オフィスの将来の形を考える参考として、会員制倶楽部について取り扱います。

　たとえば、米国で急拡大している転貸業者「WeWork」では、テナント企業を対象にして、SNSを共有化し、コミュニティを形成して、さまざまなイベントを提供しています。
　このような会員制的なサービスの源流として、英国の会員制倶楽部（とくに、いわゆるエリート向けのgentlemen's club）について調べてみました。

　英国の会員制倶楽部は、門地や信条や出身大学などの共通性のあるメンバーにより結成されています。これがスポーツ、たとえばゴルフに特化していると、いわゆるカントリークラブなどの形になります。

　家庭において、一般庶民のような私生活が存在しない（いつも社交のなかで人目にさらされる）貴族階級の紳士が、個人的に人目を気にせずくつろげる場所として発展したようです。

　そういう紳士は、子ども時代を全寮制の男子校で過ごしていることが多く、そういうキャンパスでの生活環境の延長という性格をもった場所でもあります。

　会員には専用食堂や専用図書館や会員共用の書斎などの使用が認められ、会員交流のために、ゲームをはじめとするさまざまなイベントが提供されます。海外駐在で一時的に帰国した会員や、大学を出たての会員には、寝泊まりする部屋を提供するところもあります。

　伝統的には政治やビジネスに関係する話題をタブーにするものが多かったようですが、最近は政治やビジネスの交流を認めている倶楽部組織もあります。
　女性禁制としている倶楽部がまだ多いとのことです（ただし、女性客の招待が認められるイベントの時は別のようです）。
　新会員の加入に対して基本的にクローズドな姿勢の倶楽部が多く、新規にはなかなか入会できないようです。

　社会的活動組織として、日本にも支部が展開されているロータリークラブなども、このような会員制倶楽部に近い性質をもっています。ただし、英国の会員制倶楽部は、会員の日常生活の場所を提供しているところが、このような社会的活動組織と異なります。

　10年ぐらい前、当社役員がロンドンに出張した際に、英国の年金基金のかたの紹介で、こういう倶楽部に特別に来客として招待されたという話を聞いたことがあります。

日本では交詢社、東京倶楽部などが、英国の会員制倶楽部を模範にしてつくられています。

　会員に日常生活をともにする場所を用意して、会員に食事、スポーツ、文化、居住など、さまざまな活動・便益を提供しながら、会員の交流を図るという会員制倶楽部のありかたは、オフとオンとの相互乗り入れ（第25・26号参照）に近いものを感じます。当社でも、新しい形のサービスのヒントになりそうです。
　もちろん、それは英国の会員制倶楽部とは形は異なるでしょう。名門どうしのお見合いのような交流ではなく、価値創造の楽しさのある、連鎖的なシナジー効果のあるような交流が必要です。
　一方で、いずれにも共通しているのは、「キャンパスライフの大人版」のような楽しさでしょう。

　ちなみに、シリコンバレーは、やや大きいですが、ひとつの会員制倶楽部のようなブランド性を帯びた地域です。
　世界のITビジネスのメッカ（この表現も象徴的ですが）であり、IT技術の進展、市場の飛躍的な拡大とともにブランド性も飛躍的に高まったと思います。シリコンバレーにいけば新しいITビジネスに必要な人材と要素技術に出会うことができる、というブランドになっています。
　さらに最近、「フィンテック」という新語が出てきていますが、これは金融とITの要素技術の結合による融合ビジネスのことで、ウオール街からシリコンバレーに金融ビジネスの機能の一部が移っているようです。
　ただし、シリコンバレーは昔のように「知り合いの知り合いを当たればたいていの人材にいきつく」というスケールではなくなり、特別な人脈が必要になっているのかもしれません。その意味

で、WeWorkのような仕組みが重宝されているのでしょう。

　会員制倶楽部の成否は、どういう切り口で同質性（集団としてのidentity）を形成するかという、編集力にあるのではないかと思います。
　会員の同質性とは、どういう見地で会員を選ぶかにかかります。
　その「見地」が編集力であり、そういう一定の「見地」で選ばれたということで、個々の会員に個性がありながら、同質性を認めることができます。
　ここでいう同質性は、個人がさまざまな背景や嗜好をもっていても、ある「見地」でみれば共通性があるということです。
　そういう同質性があることにより、集団的なまとまり、会員どうしのきずな、組織としての永続性などが生じると考えられます。
　一方、たとえば出身大学が共通ということは、強固な同質性ですが、ビジネスとして新たな倶楽部を編集するときは、こういう既成の同質性だけをそのまま流用することはむずかしいでしょう。

　もっとも、英国の例をみると、会員選定の「見地」といっても、入会候補をある基準でふるいにかけたうえで、最終段階では選考委員会との「相性」のようなもので決めているようです。
　「キャンパスライフの大人版」として、お互いの居心地のよさを保ちたいということなのでしょう。
　ビジネスとしての新たな倶楽部の場合も、居心地のよさは重要ではありますが、なるべく多様性を意識して編集した会員構成で、相乗効果を期待するほうがよいと思います。

　商業施設における店舗構成をマーチャンダイジング（MD）とよびますが、MDは商業施設のコンセプトと密接な関係があります。

MDでは、どういう客層（地域、年齢、所得、嗜好など）をターゲットとした商業施設にするか（コンセプト）、そのために必要な店舗構成はどのようなものか、ということを綿密に検討します。

　そのうえで、さまざまな個性をもった店舗が、商業施設のコンセプトのもとに共存して営業を行えるように、各区画にテナントを誘致してゆきます。

　これがまさに編集力です。編集力の優劣が、成功失敗を左右します。

　そこで、オフィスビルにおいても、
「どういうオフィスビルにするか」
「そのためのテナント構成はどのようなものか」
という点に着目し、じゅうぶんな編集力のもとに、MDの練られたオフィスビルを想像してみると、会員制倶楽部と重なるものが見えるかもしれません。

　そこで見えるものは、オフィスビルのなかの会員制倶楽部ではなく、オフィスビルそのものが会員制倶楽部というありかたかもしれません。

参考文献
Wikipediaの英国会員制倶楽部の記事（英文）：
　　https://en.wikipedia.org/wiki/Gentlemen%27s_Club
　　https://en.wikipedia.org/wiki/List_of_London%27s_gentlemen%27s_clubs
1868年設立のロンドンの会員制倶楽部"The Savile Club"のHP（英文）：
　　http://www.savileclub.co.uk/
WeWorkのHP（画面の中央にある"or Learn More"をクリックすると内容が展開されます）：https://www.wework.com/

オフィスと清掃

文化としての清掃、
多様な価値観に対応した新たなサービス
Office and cleaning as one aspect of culture in civilization : various cleaning services to respond to diverse values and needs

　第39号は、オフィスにおける清掃について考えてみます。

　およそ有史以来、人間の居場所において、清掃という行為はかならず行われていたはずです。
　たとえば、古代文明の神話でもほうきの化身が描かれていることから、清掃が行われていたことが確認できます。
　日本の寺院では、清掃は修行の一環です。比叡山延暦寺の浄土院は、修行が山内でも厳しいことで有名ですが、掃除を修行の中心としているそうです。
　禅宗寺院でも、寺の毎日の運営活動である「作務（さむ）」のひとつに位置づけられ、屋内・屋外を問わず、トップから新米まで全員の手で、毎日徹底した清掃が行われています。

　日本の多くの学校では、生徒が校舎の清掃を行っています。これは世界的には一般的ではないようで、日本では、清掃を通じた教育的効果が求められているようです。学校の掃除の時間は、まじめに働く子もいれば、ほうきのチャンバラなどをやって適当にやりすごす子もいて、それぞれのキャラクターがはっきり表れる

時間です。そのなかで、子どもは、集団で進める仕事のイメージをつかんでいくように思います。

かつての日本の商店では、朝早くから従業員が店の内外を清掃して、お客さまを迎えるのが普通でした。現在も、多くの中小企業では、このように毎日をはじめています。工場長や、とびの親方が、朝真っ先に職場に来て、掃き掃除をしながら危険個所を点検するという話を聞いたことがあります。

また、日本では、大みそかの大掃除は、1年間のけがれを清めて、新年の神さまをむかえる準備という意味もあります。

一方、「家のなかの掃除は、生活に余裕があればメイドさんにさせる仕事」ととらえる国もあります。「清掃は基本的に専門の職分の人が実施するもの」と考える国もあります。

このように、清掃は人間の生活の基本的な一側面として、さまざまな文化的意味を担っています。

「清掃は化学である」という言葉もあります。界面活性剤などを利用して、汚れを対象物から分離したうえで、除去することをこのように表現したものでしょう。
たとえば、かつてはアスファルトに付着したチューインガムはなかなかはがれませんでしたが、最近は薬剤で溶解したり粉末化したりして除去する技術が開発されています。
オフィスビルの清掃技術は、新しい建材や設備の出現を追いかける形で発展してきました。いまやICT技術を活用した清掃ロボットが研究されています。

　また、清掃作業は、多人数が継続的に行う作業であり、雇用創出という面でも重要です。
　清掃には、このような、技術的・経済的な意義があります。

　さて、オフィスビルにおける清掃については、現在ではつぎのような整理がされています。

- 発注仕様が部位ごと・頻度ごとに契約で細かく設定される
- 共用部は貸主側が、専用部はテナントが発注者となり、清掃会社が受注者となる
- 契約でカバーされない作業は、臨時作業として別途契約となる

　オフィスの掃除は極力外部化して、従業者を「本来業務」に集中させたほうが合理的と考える企業も多いでしょう。専門のスタッフが掃除したほうが効率がよいという考えかたです。
　オフィスビルでは、共用部（外壁などを含む）では、しろうとの手に負えない作業が多数あり、専門のスタッフの技術が不可欠です。

　このように、基本的な構造は、理由があって成り立っているので、簡単に変化するようなものではないでしょうが、新しいバリエーションを想像することもできます。
　たとえば、起業間もない企業が入居するようなオフィスでは、テナント企業の従業員が専用部の清掃を行い、清掃会社は機材を貸したり、プロとしてアドバイスしたりという形もありえるのではないでしょうか。
　わいわいと楽しい掃除の時間があるオフィスもおもしろいと思います。

　また逆に、清掃会社が清掃のみならず、テナント企業の専用部の整理・整とんまでサービスとして提供するということも考えられます。
　室内を巡回して、たとえば散乱した雨傘をまとめたり、コピー機や机上に放置された書類を回収して一時保管したり、シュレッダーの紙くず受けの袋を取り換えたり、というイメージです。
　図書館の司書のように、書類を分類・整理する「レコードマネジメント」というサービスがありますが、整理・整とんの延長上で考えれば、これとセットで商品化できるかもしれません。
　企業の価値観の多様化を反映して、どのような価値観に根ざしたニーズであるかを意識して（むやみではなく）、幅広いサービスの提供を検討するとよいでしょう。

　きれいになっているのがあたりまえと思われていて、清掃は日

常的には意識されにくいかもしれません。

　しかし、生活する場所がきれいになっていることは、有史以来の人間の文化的環境の大前提で、ホスピタリティの基本でもあります。

　新しいオフィス・新しい働きかたにおいても、変化に合わせながら、清掃は日々続けられてゆくでしょう。

参考文献
住友商事のHP（清掃ロボットの紹介記事）：
　　http://www.sumitomocorp.co.jp/business/project-eye/article/2/id=271
　　（2001年から同社本社ビルで実用化されているとのことです）

都市の比較：
大阪市とニューヨーク市

街の成り立ちや文化の類似性、都市の「色」
Comparison between Osaka & New York : similarities in culture, character and origin. Characteristics of each city

　第40号は、都市間の比較について取り扱います。

　古くは、中国の後漢の歴史家である班固が、当時の二大都市である、長安と洛陽とを比較して、『両都賦』という文章を書いています（当時の名文を集めた『文選』に収録されています）。彼は、

- 長安は人工の華美を尽くした都市で、人の気風は派手で享楽的
- 洛陽は後漢建国の由緒ある都市で、神域が尊重されていて、人の気風は堅実で礼儀正しい

といった趣旨の対比をしています。

　このように、昔から都市の比較はさかんに行われています。ロンドンとパリ、パリとニューヨークのように、都市を並べて、異同についていろいろな議論がなされています。
　こういう比較は、いわば都市の「色」について論じるもので、多分に感覚論によるところがあります。

　それでも、オフィスの将来・都市の将来を考えるためには、比較を通じて「センス」を磨くことにも意味があると思います。
　都市の「色」の感覚から、そこに集まってくる人々やそこで営まれる生活のタイプ（すなわち「文化」）がおのずと見えてきて、どういうオフィスのありかたが似合うかを想像することができると思います。

　ここでは、普段比べられることの少ない、大阪市とニューヨーク市という2つの都市を並べてながめてみます。

　大阪市は、いまや商都というよりも、大きな地方都市というイメージが強いですが、街の成り立ちや文化ではニューヨークと似たところがあります。

　どちらも、国際的な港町として出発した都市で、遠隔地からの物資の集積地です。
　街の発展の主役は、一貫して、領主ではなく市民です。政治機能は後追いでやってきたもので、基本的に政治都市ではなく経済都市です。
　たえず街の外から、生活の糧を求めて、人が移転してきます。

　街路はどちらも基本的に碁盤の目に計画されています。縦横（南北方向と東西方向）の道路の名前が、大阪では「○○通り」と「○○筋」、ニューヨークでは「○○番街（Avenue）」と「○○丁目（Street）」と、一部例外はありますがそれぞれ使い分けされているのも似ています。

　大阪の文化は、商人の文化といわれます。

大阪の商店では、これを世襲的に維持し承継してゆくことが重要な関心事で、こういう「家」のありかたが大阪文化の基調になっています。
　四六時中、「家」を背負っている生きかたといえます。そういう文化が、人形浄瑠璃のような情念の作品を、息抜きとしてつくり出したのでしょう。
　また、地方からたくさんの人が生活の糧を求めて転入しており、そういう人を観客として、わかりやすく娯楽性の高い演芸が発達しました。

　ニューヨークの文化も、大阪に似ていて、いろいろな国から生活の糧を求めた転入した移民がつくり出したものです。
　ミュージカルを例にとっても、洗練性や成熟性よりも、目新しいめずらしさと、観衆受けする享楽性が前面に出ていると思われます。

　建物については、大阪では商店の信用のために、なるべく立派な建物を建てて、これをできるだけ長く維持しようとする傾向があるようです。昭和初期の建築が、いまでも大切に活用されている例はいくつもあります。
　その一方で、梅田の周辺や阿倍野などで、東京にないような斬新な超高層ビルが多数建てられているのも、なるべく立派な建物をという思いからでしょうか。
　また、実証するのはむずかしいですが、ビルは借りるよりも自社で保有するという意識が強いという印象があります。

　ニューヨークでは、建物は、超高層ビルを含め、日本でいう大正・昭和期に建てられたものが多いようです。

　早くからビルの保有・賃貸・運営管理の各分野についてそれぞれ専門業界が発達していて、投資採算性を優先して計画的に供給や維持管理がなされているのでしょう。なお、ニューヨーク中心部では、いまやオフィスビルよりも住宅のほうが家賃が高いといわれます。

　ニューヨークは、いつも現役の生産年齢世代が中心の街で、外国からの転入者と、国内への転出者により、新陳代謝が繰り返されています。ニューヨーク市の統計部局では、この人口の新陳代謝がニューヨーク市の特徴という趣旨の説明をしています。
　経済力を求める移民を惹きつける「うまそうで大きな果物」という意味で、「ビッグ・アップル」とよばれるのでしょう。

　大阪市は、人口の社会増の勢いは、市の人口全体と対比すると、ニューヨーク市以上に旺盛です。
　外国からの転入・転出のデータが入手できませんでしたが、社会増のほとんどは国内からのものと考えられます。
　大阪市にも、都市外部からの転入者を惹きつける力があるといえます（ちなみに東京都区部の社会増の勢いはもっと強いです）。

　大阪市とニューヨーク市とは、たしかに大きさにちがいがありますが、比較が意味をなさないほどの大きな落差ではないと思います。
　ことに大阪市は、戦時中の延べ30回以上にのぼる空襲で、市街地のほとんどが焼け野原にされたのち、自治と民間の力を中心に復興を遂げてきた歴史を考えると、強靭な都市エネルギーが感じられます。
　また、このように2都市の「色」を比較することは、ひるがえ

って、東京の「色」をイメージするうえにも、参考になるのではないでしょうか。

3都市の比較

	ニューヨーク市	大阪市	東京都区部
人口（万人）	849(2014年)	267（2012年）	915（2014年）
人口増減			
対象期間（年）	2010〜2014	2008〜2012	2010〜2014
自然増減（万人）	28	−1.4	0.6
社会増減（万人）	4.1	4.1	16.6
うち外国から／外国へ	34.8	N.A.	−3.6
うち国内から／国内へ	−30.7	N.A.	20.2
1人あたりGDP(ドル)	69,915	35,902(大阪・神戸) 54,000(大阪市)	43,664(東京全体) 79,000(東京都区部)

（各都市統計資料、Brookings Institute資料より作成）

（注記）
・生死によらない転入転出による人口の変化を社会増・社会減とよびます。
・生死による人口の変化を自然増・自然減とよびます。
・表の人口増減の記載は、いずれもネット増減（自然増減は生死のネット、社会増減は転入転出のネット）です。

第41号 東京都心の観光

 keyword

「優等生」でない街の魅力、
楽しい印象という「心のおみやげ」
Tourism in central Tokyo : appeal of a 'secondary' town. Delightful gift from the heart

第41号は、東京都心について、観光の観点で考えてみます。

米国の旅行雑誌『トラベル・プラス・レジャー』で、2015年の人気観光都市第1位に京都が選ばれました。
　その理由としては、風景、文化、観光客の受け入れ態勢などが考えられます。
　先の大戦で空襲をまぬがれ、江戸時代以前の町の骨格を基本に、大きな開発が抑えられてきたことが、観光資源として評価されたのでしょう。

　東京に来る外国人観光客用のインターネットサイトをのぞいてみると、人気が高いのは、浅草、渋谷、秋葉原、新宿、銀座、築地といった場所です。

　浅草は、国籍を問わず、「日本という外国」に来ていることを直感的に味わえる場所なのでしょう。
　朝早くから夜遅くまで、中国系、韓国系の観光客が、日本の地方からの観光客といっしょに浅草寺の観音さまに参拝しています。

渋谷は、ハチ公前のスクランブル交差点を、さまざまな年齢・職業・服装の人が、整然と大量に横断している様子が、とくに欧米人に「日本」を感じさせるようです。
　ちなみにロンドンの繁華街のオックスフォード・サーカスでは、渋谷の交差点をまねて、スクランブル交差点が導入されています。

　秋葉原は、ICT・マンガ・アイドル系の発信場所として、国籍を問わず外国人を惹きつけています。

　新宿は、新宿駅の東の一帯で、さまざまな国籍の観光客にとって、安心できる価格とサービスを楽しめる、居心地のよさがあるようです。

　銀座は、ブランドショップが立ち並ぶ、やや高価格帯の買い物の町です。そこには、戦前からのハイセンスな銀座文化という下地が活きているのでしょう。

　築地は、先進都市イメージのある東京のなかで、混然としたアジア的な生活の活気がある集積で、欧米系だけでなく、アジア的マーケットなどめずらしくないはずのアジア系の観光客も集めています。

　これらの場所は、どれもそれぞれオリジナリティがあります。海外の大都市のどこでもみられるような街並みではない、オリジナリティのある場所ばかりです。
　訪れたことのある人は、「あの街はこういう街」と、オリジナリティを自分の言葉で語ることができるでしょう。

　このように、自分の言葉で語れるような楽しい印象を持ち帰ることが、観光ということの意味であろうと思われます。

　日本の街並みは、「統一感を欠いていて、遅れていて、美しくない……」といった見かたをする人もいます。
　戦前はベルリンやロンドン、戦後はニューヨークを模範として、都市計画に基づく整然たる街並み、建物の大規模化をめざす動きが、少なくとも都心では推進されてきました。
　霞が関官庁街、大手町・丸の内といった、権力と経済の中心地は、こういう模範からいえば「優等生」です。
　しかし、こういう「優等生」の街が観光客を惹きつける魅力があるかというと、現実の観光客の行動をみる限り、それほどではないといわざるをえないでしょう。

「集客力はともかく、国内外の大企業が集積していて、地価や家賃は高い」ということが、「優等生」の支えでした。
　しかし、ICT化の進展などで、リアルでオリジナルな「場所の意味」がある場所と、そうでない場所との間に、「場の力」に格差が生じるとすれば、この支えはこれからも続くのでしょうか。
　民間ビジネスの場として、街の魅力と無関係に「場の力」を考えることはむずかしいでしょう。
　きのうの「優等生」が、あすのコモディティになる可能性がないか、意識しておく値打ちはあります。
　それに、東京のよさは、ひとつの都市のなかに、新宿、丸の内・大手町、日本橋、浅草などの性格の異なる街が共存しているところにあるのではないでしょうか。

　開発が抑えられてきた京都は、こういう意味での「優等生」で

はなく、むしろその逆でしょう。

　しかも、京都は、古い街並みを積極的に残しながらも、観光コンテンツの充実のための新しい試みにも挑んでいます。

　たとえば街の中心部では、明治2年創設の龍池(たついけ)小学校の廃校跡に「京都国際マンガミュージアム」を開館しています。インターネットでみると、海外の日本観光ガイドのサイトでも紹介されていて、外国人観光客にはよく認知されている施設のようです。

　また、「和食」は、2013年にユネスコ文化遺産に登録され、有力な観光コンテンツであることが意識されたのでしょうか、「京の食文化ミュージアム・あじわい館」という公共施設もつくられています。市の青果市場につくられた比較的小規模な施設で、どちらかというと国内の観光客向けのようです。

　東京では、マンガについては明治大学でミュージアムを準備している模様ですが、和食については1か所で歴史と現在を体験できる国際級の観光施設はまだないようです。後者については、いまのところその役割は、築地市場（場内・場外とも）が事実上担っていて、外国人観光客を日々集めているのでしょう。

　また、「ミュージアム」「博物館」というと、生きている世界から断片を切り取って、標本にして配列するというイメージがありますが、現在進行中の生きた文化を体験できる施設が求められます。

　参考になるのは、万博のような「パビリオン」「展示館」で、アテンダントが案内・解説・実地体験の手伝いなどのサービスをするようなものでしょう。

　東京にはあって京都にはほとんどないのは、江戸で開花した浮

世絵の文化です。

　西洋の19世紀の画家は、たとえばゴッホも、モネも、西洋の宗教絵画の伝統や写実性とはまったく異なる日本の浮世絵に感銘を受けて、自分の画風に活かしています。美術史の本には比較例などがたくさん掲載されています。

　なによりも、浮世絵は、当時の一般大衆が楽しむものでした。

　西洋では、美術は伝統的に貴族や富豪や宗教家のためのものだったので、西洋の芸術家にはよい意味でカルチャーショックだったと思います。

　それに、浮世絵は、画題が比較的自由なうえに、写実性にとらわれない、フィクションともいえるデザイン性をもっています。

　日本が世界の人々に認められるきっかけになったのは、浮世絵をはじめとした江戸文化といってもよいでしょう。

　これを観光に活かさない手はないと思うのですが、いかがでし

ょうか。

　観光で大切なのは、単なるハードにとどまるものではなくて、ハード・ソフトの両方を備えたコンテンツだと思います。
　観光客にとって、日本は、安全・安心・清潔という点が評価されているようです。
　そのうえで、宗教、食文化、言葉など、お客さまの価値観と摩擦がないか、相手の立場に立った、繊細な思いやりが必要です。
　たとえば、ムスリムが食べられる食肉は、宗教上定められた方式で食肉になったことが証明されたもの（ハラルミート）に限られますが、日本では普及が進んでおらず、それがためにムスリムが日本旅行をあきらめているという声を、実際に耳にしたことがあります。
　日本側がよかれと思っていても、相手には絶対に受け入れられないということもあるのです。
　お客さまひとりひとりに、自分の言葉で身近な人々に語れるような楽しい印象を、心のおみやげとしてもたせてあげられる、そういう街にしてゆきたいものです。

参考文献
京都国際マンガミュージアムのホームページ：http://www.kyotomm.jp/
京の食文化ミュージアム・あじわい館のホームページ：
　　http://www.kyo-ajiwaikan.com/

第42号 日本のオフィスビルのサービス

keyword

旅館における「名乗り」、日本が発信する価値
Office building services in Japan: act of 'nanori' (self-introduction) at Japanese-inn and values of Japan

　第42号は、日本のオフィスビルのサービスの特色について考えてみます。

　いまから15年ほど前に、当社では米国のオフィスビルの管理体制を本格的に研究しました。
　米国では、所有と経営が分離していて、所有者の多くは自分でビルの運営にタッチしません。優秀なプロの経営者をやとって、その経営者がビルの運営を行うという体制が多くみられました。
　やとわれた経営者は、明確な発注仕様によって、優秀な委託先をさがして契約し、その仕事ぶりを常にレビューして、優秀な成果のない委託先は他社に切り替えていました。
　当時は、日本でも所有と経営の分離が進んでゆくのではないかとの見通しで、米国のやりかたを「先進事例」として研究したわけです。

　不動産の証券化は日本でも進行し、所有と経営の分離が進みました。

ところが、米国の方法は、そのままの形で日本にとり入れることは困難でした。

とくに、テナントにとっては、ビルを責任をもって貸している主体がだれなのか、とてもわかりづらくなりました。

形だけはたとえば信託銀行が貸主になっていても、その背後にいる実際の持ち主は表には現れません。

不動産が証券化するということは、簡単に転売できるということなので、実際の持ち主はどんどん変わる可能性があります。

そのような形態が広がるなかで、テナントや、消防当局などから、「いったいだれがビルの責任者なのかがわかりにくい」という声も聞かれるようになりました。

責任をもってビルを貸す貸主が明確になっていて、そういう貸主が自ら運営も行っているような物件のほうが、テナントの信用を得やすいのでは、という反省も出てきました。

第20号で、オフィスビルについて、英米法系と大陸法系（日本は後者です）との比較のなかで述べました。

そこでは、日本的な旅館になぞらえられる運営体制には、日本の法体系や風土に合致した独自性があるのではないかという示唆が得られました。

旅館では、主人が到着したお客さまに挨拶をする場合が多いですが、それは、「わたしは本日この場所にいて、本日いらっしゃったお客さまを、責任をもっておもてなししますので、よろしくお見知りおきください」という「名乗り」の意味をもちます。

「名乗り」とは、戦国武将が戦場で「われこそは織田家の家臣、前田又左衛門なり」と大音声でよばわるように、自分が逃げも隠れもしない堂々とした存在であることを示す行為です。

「名乗り」は、「自分はこの場所から逃げない」ということが前提です。つまり、「名乗り」は「場所」と不可分です。

かつては、商店でも、たとえば「越後屋八郎右衛門」のように個人名を看板に出している店のほうが、誰が最終責任をとるのかわからない株式会社よりも、信用があったといいます。

明治時代に三井が合名会社、三菱や住友が合資会社の形態をとったのも、当時はオーナーが責任社員として個人財産で責任を負うことが重視されたからです。

上で旅館の例をあげましたが、このような責任者による「名乗り」は、西洋のホテルではあまりみられないと思います。

オフィスビルでいえば、貸主企業（サブリースの場合は転貸人企業）のしかるべき役職の責任者が、入居したてのテナントさんに挨拶することが、「名乗り」にあたるでしょう。

もちろん、オフィスビルと旅館とでは異なる部分もあり、またオフィスビルのグレードによってサービスの内容は一律ではないでしょう。

個人名を表示した、明治・大正期の「引き札」（宣伝チラシの一種）の例

「名乗り」が、心のこもらない形式的なもの、あるいは主人の自己宣伝的なものになってしまうと、かえってよくないこともあるかもしれません。

そうではあっても、この「名乗り」をはじめ、旅館のよいところは、オフィスビルのサービスの参考になるのではないでしょうか。

そして、そのようなサービスの独自性を、日本の発信する価値として、前向きに発展させることができればよいと思います。

第43号 オフィスという商品の個性

keyword

フレキシブルな汎用性、幅をもった個性
Office originality : flexible features and versatile characteristics

第43号は、オフィスという商品の個性について考えてみます。

たとえば、クッキーの箱を開けると、中にはさまざまな種類のクッキーがならんでいます。

どれも基本的には小麦粉・砂糖・卵・バターなどでつくられていて、味はそれほど変わらないのですが、それぞれに形や飾りつけに工夫がこらしてあります。

たとえば、メダルの形、貝の形、ジャムやチョコのトッピング……というぐあいに、それぞれのクッキーに個性が与えられています。どの種類も、味はそれほど変わらないことがわかっていても、ついあれもこれもと食べ比べをしたくなって、食べ過ぎたりします。

このようなクッキーを食べるお客さまは、食べているものはなるほどクッキーにはちがいないのですが、その個性を食べているといえます。たくさんの種類のなかから個性を選んでいる、豊かな時間を味わっているともいえそうです。

消費財ではこのように個性を付与することで、消費が喚起され

ます。

　たとえば、靴を例にとると、いまの日本で、だれでも数足は靴をもっていて、靴の供給は人口に対してじゅうぶん足りていますが、そのなかでさらに消費を喚起するのが、靴の個性です。個性によって商品を細分化して、お客さまにそういう細分化された個性の商品をほしいと思わせるのです。

「有名選手のNがはいているのと同じテニスシューズがほしい！」といった形です。

　ビジネスの用語で、商品の「差別化」とよばれるものは、こういう細分化された個性の設定ともいえます。

　個性が設定される対象は、商品の性能の場合もあれば、製品やパッケージのデザインの場合もあります。

　お客さまは、そういう個性の商品が象徴するライフスタイルを、自分の生活・自分の時間において実現したいと思っていて、それにふさわしい衣装や小道具として、その商品を入手しようとするともいえるでしょう。

　お客さまのそういうニーズにこたえるという意味で、「商業施設とは、ライフスタイルの提案である」と表現されることがあります。

　さて、オフィスについては、こういう個性は需要喚起に有用なのでしょうか。

　いわゆる「B to B」の場合は、実用性がまずは重要ですが、この「実用性」にも、交通便、フロアの大きさや形状をはじめ、ひとことで言いつくせない多様性があります。

　しかも、オフィスは、企業がストーリーを展開するための舞台ですから、衣装や小道具にもまして、大きな働きをするものです。
　企業がその固有のストーリーを時間的に展開するためには、固有の個性のある舞台が必要なはずです。
　個別の企業のストーリーは、たとえば旧財閥系の金融機関のストーリーであったり、地方からのし上がったIT企業のストーリーであったりします。さらに細かくみてゆけば、ひとつひとつの企業が異なるストーリーをもっています。

　これまでは、オフィスビルはある程度「汎用性」をもってつくられることが多かったと思われますが、われわれが思っている「汎用性」は、じつは高度成長をけん引してきた大企業には似合っても、IT企業には似合わないかもしれません。
　オフィスビルでは、自社ビルでない限り、個性を前面に出すことに慎重なのはやむをえない面があります。
　それでも、めざしたはずの「汎用性」が、われわれの意図しないうちに、企業のストーリー展開をかえって制約していないか、いまいちどふりかえることは有効でしょう。
　そのうえで、企業のストーリーをじゃましない、フレキシブルな「汎用性」や、ある程度幅をもった「個性」を考えることができるかもしれません。
　具体的には、テナントの希望に合わせて内装などを自由にできること、テナントのイメージに合った（少なくともじゃましない）外見であることが必要でしょう。
「当社はこんなセンスの会社なんだ」というイメージを、毎日通勤してくる社員、来訪する取引先、見ず知らずの一般の人にアピールできることが重要なのではないでしょうか。
　また、たとえば、あるイメージの外観のあるビルに好感をもっ

たテナントが集まれば、テナントどうしも心地よいと思います。

唯一の正解はないでしょうが、新しいオフィスに求められているものは、このような方向にあると思います。

参考文献
ライフスタイル提案型ストアについて（『商店建築』（建築雑誌）のブログ）：
　　http://www.shotenkenchiku.com/blog/shuzai/entry-533.html

オフィスでの
フレキシビリティ

自由設計、体育館型、ワーカーによる選択
Flexible office features: from free-design, workers' choice to gymnasium-style layout

　第44号は、オフィスでのフレキシビリティについて考えてみます。

　いままでのオフィスビルでは、紙を使用したデスクワークを前提として、固定的な椅子と机が配置されていました。
　ところが、ICT化により、紙の使用は、ゼロではないものの従来よりも縮小してきました。
　そうすると、紙を前提とした、読み書き・ファイリングといった作業の占めるウエイトが小さくなります。
　そういう作業が必要なときにできるよう、椅子と机は必要ですが、固定的に置いてある必要はないことになります。

　一方で、創造力を上げるための会議やミーティングは、これまでも、そしてこれからも必要な機能です。そこでも、会議やミーティングの形態はさまざまです。
　椅子にすわって机で資料を見ながら会議する形は、いまでは唯一の会議の形ではありません。
　短時間のミーティングは、椅子のない立席で行うというオフィ

スもあります。

モバイル端末が置ける板のようなものが椅子に付属してあれば、用が足りるということもあります。

みんなでモニタリング画面を見ながら会議ということもあります。

このようなICT化・多様化が示唆するひとつの形は、フレキシビリティをもった自由設計でしょう。

自由設計をつきつめた形は、がらんとした「体育館」のようなスペースではないでしょうか。

最低限の、紙を使うデスクワークや、大きなモニターの設置されたヘビーユーザー用の机や、テレビ会議兼用のモニタリング画面などは、イニシャルで設置します。

従業員は、全員がスマートフォンなどのモバイル端末をもちます。

また、いろいろな機能の机や椅子を随所に置いておきます。必要に応じて、必要な機能の椅子・必要な機能の机を引っ張ってきて組み合わせて使う想定です。

そのためには、現在使われているものより、もっと軽い、もっとさまざまな大きさ・形状のオフィス家具が必要になります。

椅子でいえば、コロのついた折りたたみ椅子、キュービック形のクッションなどが考えられます。木製もありでしょう。

また、ICT機器のための電源は随所にあって簡単にとれるようにしておきます。

手軽に各自の使いやすい椅子を持ち寄ってミーティングをして、終わるとその椅子を片付ける、というスタイルです。

マットがひいてあれば、そこで車座の会議もできます。

その時その時に、もっとも使いやすい椅子・机を選んで使います。

朝礼台を置いておけば、トップがフロア全体を見渡すこともでき、全員を台の前に集合させて指示をすることもできます。

これはフリーアドレスを進化させたイメージです。「オフィス内のどこでも仕事ができる」という意味でのユビキタス化ともいえます。

もちろん、会議の主題によっては、関係者以外に会話が聞こえないような会議室が必要でしょう。

すべての業務に体育館のようなスタイルが適するわけではないので、従来型やまた別の形の会議室も用意する前提です。

そして、体育館のような空間に、さまざまな目的をもったエリ

アが設定され、従業員が現時点でどのエリアで働くことがもっとも生産性が高いかを選択して移動します。

　エリアの種類としては、

- 集中して自分の作業に没頭できるエリア
- 伝達系の会議ができるエリア
- 双方向のコミュニケーションができるエリア
- もっとくだけたコミュニケーションに適したエリア
- 心をリフレッシュするエリア（たとえばシエスタや瞑想ができるような場所など）

などが想定されます。

　目的が決まっているので、その生産性を上げるための内装、家具などにこだわることができます。

　エリアどうしが干渉し合わないように、ある程度の間隔が必要で、その間隔に気持ちをうまく切り替えられるような演出があれば、さらによいと思います。

　このような極度にフレキシブルなオフィスは、まだ想像の域を出ませんが、思考実験をしてみるのもおもしろいのではないでしょうか。

参考文献

オランダ鉄道本社の事例（コクヨ㈱発行の「WORKSIGHT」のホームページより）：http://www.worksight.jp/issues/566.html
　オフィスのユビキタス化に近い線まで行っているのではと思われます。写真をみる限り、動かしやすい椅子がほとんどです。

都市計画（前編）

「都心のにぎわいのない都市に経済的繁栄はない」、
にぎわいと回遊性
Urban Planning (part 1). "City without a lively atmosphere has very few economic achievements" Liveliness and rambling activity

　第45号・第46号では2回にわたり、都市における「場の力」の前提条件となる、都市計画について考えてみます。

　現代における都市計画は、つぎの2つのルールの組み合わせになっています。

- そこに建てられる建物の用途に関するルール（用途規制）
- そこに建てられる建物の形態に関するルール（形態規制）

　現代における都市計画は、スラムにおける不衛生や災害を防ぎ、文明の生み出した自動車などの交通機能を最大限に発揮させることで、都市をいわばひとつの機械・道具として性能のよいものにすることをめざしたものといえるでしょう。
　用途規制は、都市全体で、都心部は業務系、周辺部は住宅系や工場系、といったぐあいに、用途によりゾーニングを設定したルールを定めます。用途をなるべく整然と区分けすることによって、各用途の機能が最大限に発揮されるという考えかたです。
　形態規制は、建物の集まった各街区で、容積率・建蔽率・斜線

制限といった建物の建てかたのルールを定めます。インフラストラクチャーに見合った建築量を定め、また技術的基準によって安全や衛生を確保するという考えかたです。

　このような都市像の前提には、理想にもとづいて都市をコントロールするという発想があります。
　合理的に整然とした都市において、市民がそういう都市にふさわしく合わせて生活することが、衛生的・効率的で文明的な人間生活とみる考えかたです。
　都市計画家ハワード（Howard, 1850〜1928）、建築家ル・コルビュジエ（Le Corbusier, 1887〜1965）などの思想が、このような都市像を支えていました。
　田園都市の理想や、幾何学的秩序の理想などに基づいて、膨張し過密化する都市をコントロールしようとするものです。
　政府庁舎、大聖堂、広場、道路、駅などが、幾何学的なビジョンをもって整備されている都市です。
　これは、都市を「王の身体」になぞらえるような、為政者による街づくりを継承するものです。
　ちなみに、森ビルの森稔氏は、ル・コルビュジエの著作に強い影響を受けたと述べています。

　また、建築家コールハース（Koolhaas, 1944〜）は、ひとつの超高層ビルのなかに多様な都市機能が共存するありかたを提示しました。
　敷地（グリッド）の外部から隔絶されたひとつのビルのなかで、自由な人間活動が行われるという考えかたです。
　そのような超高層ビルが都心に複数建設されることで、都市が拡大してゆくイメージを描きました。

　たとえば、大きな港に、巨大な客船（これが超高層ビルにあたります）が多数停泊しているような形の都市です。
　ビルとビルとの間を人々が歩いて回遊することは、そこではあまり意識されていません。

　もうひとつの重要な考えかたとして、以上のような都市像では、人間の多様性が都市の機能により制限され、とくに人間の基本機能である「歩くこと」が自動車などの交通に主役の座をゆずっていて、そのために生身の人間の交流やにぎわいが減殺されるのではという疑問が提示されています。
　すなわち、都市計画がヒューマンスケールになっていないのではないか、当局や都市計画家の主観的な趣味になっているのではないか、という見かたです。土地の具体的な事情とかかわりなく、計画や建築物がいわば天から降ってくることへの違和感ともいえるでしょう。
　現実に、にぎわいのなくなった街がスラム化したり、いわゆる「シャッター商店街」になったりするという現象も起こりました。
　田園都市の理想をかかげて幾何学的に美しくつくられたニュータウンが、生産機能のないベッドタウンとなり、そのうえ住民の高齢化による過疎問題をかかえている事例もあります。
　経済学者・ジャーナリストのジェイコブズ（Jacobs, 1916～2006）などが、そういう疑問をふまえて、都市の経済的繁栄の条件を考えるようになりました。

　このように、世界の都市計画の主要な考えかたはさまざまですが、これは「都市はだれのためのものか」という考えかたのちがいが表れているのでしょう。
　都市は、

- 為政者・エリートの専門家・企業・住民
- すでに都市に拠点のある者・新規参入しようとしている者
- 都心にいる者・郊外にいる者

など、さまざまなステークホルダーのためのものです。
　上記の主要な考えかたは、これらのステークホルダーのいずれかに力点を置いた考えかたですので、どれかひとつが絶対に正しいというものではないと思います。

　そのなかで、不動産業に従事している者として、確信をもっていえることは、あたりまえのようですが、
　　「都心のにぎわいのない都市に経済的繁栄はない」
ということです。

　にぎわいということは、街に「回遊性」があるということでもあります。
　近代から現代にかけての合理化、機械化の流れは、ゴールを定めて最短距離で到達するために機能を単純化させてきたように思えます。
　もちろんそれは社会の最大公約数が満足する最短ルートです。
　しかしながら、現代では、多様化に軸足が移ってきました。
　多様化を担保するために、街には多様な機能・用途の施設が必要です。多様な目的をもった様々な人間が、多様な機能・用途の施設を回遊することによって、にぎわいが生まれます。
　最近の音楽業界の収益源は、ライブやコンサートといわれます。ICTによって、一歩も外に出なくても生きていける時代ですが、外に出て、いろいろなモノにふれてみたい、歩き回りたいという欲求はむしろ高まっているのではないでしょうか。
　ショッピング、ファッション、エンターテインメント、グルメ……リアルに体験できる様々なコンテンツが備わった街は、バーチャルとの差別化のなかで魅力的だと思います。

　以上をふまえながら、次回は、日本・東京の都市計画について、考えてみたいと思います。

都市計画（後編）

東京のコラージュ的展開、
ディベロッパーの責務、定住人口と回遊性
Urban Planning (part 2). collage of scenes in Tokyo ; developers' responsibilities ; residential population and rambling activity

　第46号では、前回に引き続き、都市における場の力の前提条件となる、都市計画について考えてみます。

> 前号の要約
> 　都市計画においては、ある理想をもって都市をコントロールするという発想により制度設計が行われてきたが、都市のにぎわいの見地から、いままでの考えかたを見直す動きも出てきている。
> 　確信をもっていえることは、「都心のにぎわいのない都市に経済的繁栄はない」ということである。

　日本在住約30年のフランス人建築家、マニュエル・タルディッツ（Manuel Tardits）が『東京断想』という本を書いています。
　東京を観察した彼の意見のうち、主なものを以下に要約してみます。

- 江戸時代に決められた、山の手の武家地（基本的に住宅用途）と下町の町人地（基本的に商業・業務用途）というおおまかな

骨格は、いまもって変わらない
- 用途規制が海外よりも緩やかである
- 日本では、都市計画の形態規制において、安全・衛生に関する技術的基準は相当に詳細をきわめているが、美観に関する基準はヨーロッパと比べるとほとんどみられない。都市全体でどういう都市計画のコンセプトになっているかわからない
- ミクロな都市計画が厳密に定まっていて、それが相似形で都市全体に多数展開されているようにみえる。建物単体の安全規制や建物どうしの相隣関係を調整する規制はかなり詳細につくられていて、それが都市のなかで平面的に無数に反復されている
- 都市全体の計画に基づくというよりも、その場所その場所の事情に応じて、さまざまな機能、さまざまな様式の建物が連なってできあがっている（このようなさまざまな建物の連坦したありさまを、貼り絵（コラージュ）にたとえています）
- 交通網は、自動車交通網・鉄道網のいずれも網羅的で、国際的にみて（たとえばロサンゼルスなどと比べて）充実している
- 東京都全体でみると居住人口密度に相当のばらつきがあるので、過密都市とはいえない

　タルディッツは、日本建築において、最低限の単位である「間（けん）」を基本にして、さまざまな部屋（「間（ま）」）が次々に、隣の部屋との関係（間合い、間隔）を保ちながら、平面的に連なって展開してゆくありさまから、このような都市の見かたにたどりついたようです。

　以上をふまえて、日本の都市計画の特徴について、考えてみました。

（1）ヨーロッパの都市は、都市の内外が城壁で分けられていました。城壁の中は周辺地域の共同施設であり、はじめから公的な土地として、個人の自由にはならないという考えかたでした。一方、日本の都市はそのような成り立ちではなかったので、このようなちがいが生じているのでしょう。

（2）また、日本は地震国なので、建物が何百年も存続することがあまり考慮されなかったことも、理由のひとつでしょう。

（3）美観について、少なくとも明治時代以降の日本では、土地所有者の良識やセンスに委ねられた部分が大きかったと考えられます。

　日本の土地所有権は、明治のはじめに民法によって定められました。これは、地租（土地の固定資産税のような税金）を負担する人に対して、税金負担の見返りに、「使用・収益・処分の自由」の権利が新政府から与えられたものです。

　これを民間からみれば、新政府を政府として認めて、税金を支払うことと「引き換え」に認められた権利です。

　政府がその権利を規制するとすれば、そのぶん新たな「引き換え」給付を行うか、安全・衛生の目的などだれも否定できない理由を提示するかしないと、なかなかむずかしいということになります。

　美観、ひいては都市の「理想」といったものは、権利を規制するための強い理由にはこれまではならなかったということでしょう。

（4）東京は、震災や戦災をはじめ、多くの災害をくぐりぬけて

きました。

　政府のほうも、ある程度安全と衛生が守られて、インフラストラクチャーが整備された状態、そして隣接した者どうしのもめごとがない状態にすることで、精いっぱいだったのでしょう。

　以上、都市計画の考えかたと日本での事情をみてきましたが、都市の場の力、街の魅力を高めて、にぎわいのある街にしてゆくためには、都市計画においても新たな展開が必要でしょう。
　そして、当社のような大手ディベロッパーは、都市計画が土地所有者に実質的にゆだねている部分について、責任をもっていることを認識する必要があります。
　にぎわいのある街をつくるためには、法令の改正や行政指導を待つ受け身の姿勢ではなく、自主的な提案が必要です。

　また、定住人口があると街はにぎわうという、一見あたりまえのことを、もういちどよく認識する必要があると思われます。
　東京の旧日本橋区（現在の中央区の北部）の定住人口を調べると、幕末には15万人（一説で25万人）であったものが、明治維新で半分になり、大正時代（1920年）に12.6万人まで回復しますが、あとは減少をたどり、1993年に2万人まで落ち込み、現在は4.3万人となっています（注：戦後は中央区の旧日本橋区にあたる地域の人口）。
　日本橋は業務地区として発展しましたが、街のにぎわいとして江戸時代におよばないのは、定住人口の減少が大きな原因と思われます。

　むろん、江戸時代の日本橋が大商業地・業務地であり、そこで

働く町人が日本橋に居住したというのは事実ですが、その大きな理由は、遠くから短時間で通勤する交通手段がなかったからだと思います。

また、平屋がほとんどであった江戸時代と違って、現代は高層住宅が建築できるので、江戸時代よりも広い居住空間が手に入るようになりましたが、現状での賃料や販売価格を考えれば、普通のサラリーマンが家族で住むことはむずかしいでしょう。

現状では、日本橋に住める人は、高額所得者や、独身サラリーマン、DINKSのような、忙しくて「時間を買う」人たちに限られるでしょうが、湾岸地域の高層マンション街との時間的距離は縮小しています。

湾岸地域を含めてひとつのエリアとして回遊できるようにすることも、にぎわい創出につながるでしょう。

都市計画とディベロッパーの都市開発とがコラボレートして、このようににぎわいの創出ができればよいと思います。

参考文献
マニュエル・タルディッツ著、石井朱美訳『東京断想』(鹿島出版会)
　　著者はフランス人で東京在住30年の建築家、明治大学特任教授。愛・地球博覧会のトヨタ館などを手掛けている建築事務所「みかんぐみ」に所属。

生き残りのための企業文化

財閥型モデル、行動原理、
当社と企業との「二人三脚」
Tips on business survival: looking at 'Zaibatsu' as a role model. Behavioral principles. Working together for a common goal

　第47号は、時代の流れのなかで、企業が生き残りを図るために必要な企業文化について考えてみます。

　グーグルは2015年8月に持ち株会社アルファベットを設立し、本業の広告収入の利益を、自動車の自動運転やロボットなどの新規事業に投資していく体制を整備しています。
　GE（ゼネラル・エレクトリック）は、多様な事業分野の会社をかかえるコングロマリットでもありますが、金融事業から撤退してインフラ関連事業に事業を集中させています。

　経済環境の時間の流れがどんどん早くなっている現在、企業がひとつの事業に依存して時代を反映し続けることは不可能になっています。
　たえず新しい事業分野を開拓しながら、企業全体としての生き残りを考えてゆく必要があります。

　このような事例から連想されるのが、日本の旧財閥系の企業グループのありかたです。

戦前の三井財閥では、三井合名という持株会社がコントロールタワーになって、銀行、鉱山、繊維、機械など、さまざまな事業分野の企業を設立してきました。
　これらの会社は、大きな意味で共通の企業文化をもってきました。

　歴史の本をみると、三井の文化としては、

- 商業資本として、資金をなるべく寝かさないで効率的に商売すること
- そのために必要であれば、新しい事業分野の会社を設立してきたこと
- 中央集権ではなく、なるべく分権的に、各社の自主性を尊重してきたこと
- 役職員個人を人材として大切にして、個人の才能を発揮させること

などがあげられています。

　企業文化の身近な例ですが、社外の人に、「三井の人のお辞儀には特徴がある」といわれたことがあります。
　あらたまった挨拶のときに、膝の少し上に手のひらをあてて、少しだけ膝を曲げて、姿勢をかがめながら頭を深く下げるお辞儀で、それは三井グループのどの企業でもそうだというのです。
　江戸時代の三井のお店の番頭や丁稚が、前垂れを押さえながらお辞儀をしていた名残なのでしょうか。
　そういえば自分も、玄関でお客さまをお見送りするときに、そうやってお辞儀していることに気がつきました。

　三井の企業文化は、こういう形で身についているのか、と思いました。

　企業にとっての最大の資産は、企業文化です。行動原理といってもよいかもしれません。
　最先端を走りながら生き残ってゆく企業は、企業文化を絶えず磨き、経営陣から末端社員まで浸透させることをもっとも重視しているのだと思います。
　社員の間で企業文化が共有化されてはじめて、事業領域を拡大させる際にも同じ文化で拡大させることができます。それにより、コントロールタワーのマネジメントが末端まで届きます。企業文化の共有なしに、ルールをいくらつくっても、これほどのマネジメントはできないでしょう。
　世の中が必要とする技術、ノウハウの寿命はどんどん移り替わ

りますが、このような質的に高いマネジメントシステムには、時代に左右されない普遍性があると思います。GEやグーグルはそれに気づいているのだと思います。

　共通の企業文化をもっているグループ経営では、世の中から実際に成功しそうな萌芽をみつけて、経営資源を集中投下することが容易です。
　そして、企業文化が共有されて、雇用が保障されているならば、事業が困難に陥っても高いモラルを維持しながら撤退戦を戦うことができます。
　従業員も、雇用を保障されながら、ひとつの企業文化のなかで、その企業のためのスキルを磨くことができます。
　従業者の能力を伸ばし、働きがいのある職場を提供することにより、優秀な人材が集まり、定着します。

　グーグルをはじめ、最先端を走る企業では、そういう独自の企業文化を育成するための場所とすることを目的として、ワークプレイスをつくっているといいます。
　そこで言っている企業文化とは、これまで述べたような、行動原理としての文化、マネジメントシステムとしての文化です。
　第43号でもふれましたが、オフィスビルを提供するということは、掘り下げてゆくと、こういう企業文化のための場所を提供することでもあります。
　そこでも述べたように、企業文化の舞台となるオフィスビルには、「フレキシブルな汎用性、幅のある個性」が求められます。
　そのうえで当社グループも、企業文化の舞台を、その企業と二人三脚でつくっていくパートナーになっていければよいと思います。

渋谷の現在

駅ビルの内と外、ほかのターミナルとの類似化、「歌を忘れてゆく街」?
Shibuya today : in & outside station buildings. Similarities with other terminal facilities. City with a fading memory

　第48号は、ICT系企業が集まり、再開発が進行する、渋谷について考えてみます。

　渋谷にICT系の企業が集積している理由については、いろいろ考えられます。たとえば、

- 企業の創業者や従業員にとって、学生のときになじみのあった街である
- 街を歩く外国人が比較的多くて、国際的に開けたイメージがある
- ファッションの発信地のイメージ、おしゃれなイメージがある
- ふだん着ている服で働いて違和感がない。むしろスーツのほうが街に似合わない
- 東急東横線や京王井の頭線沿線の、比較的環境のよい住宅地から通いやすい
- かつてはサブカルチャーの発信地であったように、既存の枠組みへのアンチテーゼを許容する風土がある

大学のキャンパスは東京の中央から西に多いので、学生にとって渋谷は集まりやすい街でしょう。神田周辺の学生も、武蔵野地域の学生も、渋谷であれば比較的足を運びやすいですが、たとえば「東京駅で集まろう」ということにはなりにくいと思われます。
　そして、東京西郊の私鉄沿線の、中産階級の居住者にとっては、平日に通勤通学で一度は乗り降りし、休日に買い物をする街でした。

　また、渋谷はここ20年、来る人の年齢層が低くなる傾向がありました。
　以前であれば原宿に集まっていたような中高生が、渋谷まで進出した時期があり、そのぶん、かつてはたくさんあった、大学人や文化人系の大人の楽しめる部分が少なくなりました。たとえば、クラシック音楽喫茶は、知る限りでは1軒残っているだけです。
　そのかわり、若者向けの、お金がかからず手軽で、賞味期限の短いカルチャーが台頭しました。そして、ポップカルチャー系の発信地として、海外の観光客も「カワイイ」イメージを求めて来訪するようになりました。

　現在の渋谷を実際に歩いてみると、このようなイメージとはさらにまた異なる様相が見えてきます。

　まず、外国人観光客は、欧米系・アジア系ともにたいへん多くいます。店舗の看板も、中国語が併記されているものが多く見受けられます。
　また、駅を一歩出ると、多くのビルに、飲食店、エステ、風俗店、ナショナルチェーンの大手衣料店、ミニシネマなどが雑居し

ています。そして、多くが人目を引く色彩の看板を掲げています。
　その風景は、新宿・池袋・上野などで、駅を一歩出た風景とあまり変わりません。
　以前の渋谷には昼間散歩して楽しい街というイメージがあったのですが、夜の街の要素が以前よりも濃くなっていると感じました。
　渋谷に埼京線が通るようになり、かつての東京西郊の私鉄沿線の顧客だけでなく、首都圏北部からの顧客も受け入れるようになった影響もあるでしょう。

　駅では、東急東横線の地下化が行われ、渋谷ヒカリエや渋谷マークシティをはじめ、立派な交通施設付帯型商業施設が整備されています。
　こういう商業施設は、アッパーミドルクラスを顧客層としている構成です。
　渋谷は駅の内外で、客層が分かれてきているように思えます。
　西武百貨店や、現在改装中のマルイシティ渋谷は、駅に併設された商業施設ときびしい競争にあるのではないでしょうか。

　現在の渋谷は、ポップカルチャー系を含め、文化を発信するような店舗やホールは雑居ビルのなかに埋没していて、駅を出てさがして歩いてもみつけるのがむずかしくなりました。
　ファッション性の高いアパレルも、多くが駅付帯の商業施設、百貨店、SHIBUYA109などの大型店舗に集中しています。
　少子化の影響もあって若年層も減少していることから、たとえばマルイシティ渋谷は30〜40代をターゲットにして、アパレルを全体の３割程度に抑えた「渋谷モディ（仮称）」に改装中です。

現在渋谷駅を中心に展開されている再開発は、なじみのある学生文化の余韻のある街を、新しい巨大な駅のなかでほぼ完結する街に変えてゆきます。
　中高年層にとっては、現時点の渋谷も、なじみの顔ぶれの少なくなった、よそよそしいものに感じられるのではないでしょうか。そしてそれは、再開発の進行につれて、直近の10年ぐらいに学生時代を送った人々にも、共有されてゆく感覚でしょう。
　また、そのように巨大な駅ビルができた街は、安くておもしろいものを求める学生にとって縁遠いものになるのではないでしょうか。
　ビルの中で回遊がほぼ完結してしまって、街に流れ出る人が減ると、街は駅とは異なる客層向きの店が増殖して、二極化してゆくでしょう。
　新宿や池袋に肩をならべる立派な一大ターミナルにはなりますが、このままでは渋谷の街の特色は次第に消えていくかもしれません。

　当社が渋谷で事業を行う場合、ほかのターミナルとの商品差別化のために、渋谷ならではの特色をもういちど盛り上げるような工夫が必要です。
　これは、まだ十分に手がつけられていない要素と思われます。

　30年ほど前の渋谷では、クラシック喫茶やジャズバーがあって、通の大人や、背伸びしたい学生が集まっていました。
　その後、インディーズ系のミュージシャンの登竜門になって、路上アーティストが注目された時期もありました。
　歌謡コンサートも渋谷公会堂（2015年10月、建替えのため閉鎖）やNHKホールで頻繁に公演されていました。

　渋谷のタワーレコードは、大型CD店舗がまだ成立している、世界で数少ない例にあげられることがあり、かつての街の記憶を喚起しています。
　考えてみれば、レコードがCDになり、オンライン配信になるにつれて、渋谷の街と音楽・歌との関係も変わってきたのかもしれません。

　「歌を忘れてゆく街」ともいうべき渋谷の現状ですが、これから「歌を忘れた街」になっていくのでしょうか、それとも「新しい歌の生まれる街」になっていくのでしょうか。あるいは、「新しい歌の生まれる街」は、別の街がとって代わるのでしょうか。
　駅前広場で銅像になってご主人を待っている、忠犬ハチ公に聞いてみたくなりました。

参考文献
マルイシティ渋谷の改装について：http://www.shibukei.com/headline/10412/

第49号 建物のハイブリッド化

keyword

欧州でのコンバージョン、相互乗り入れ、「ハイブリッド用途特区」
Hybrid buildings : converting buildings in Europe and the special zone for hybrid buildings

　第49号は、オフィスとほかの用途とのハイブリッド化の可能性について考えます。

　オフィスを住宅にするような用途の転換は、コンバージョンとよばれます。

　ロンドンやパリのように、新築の規制が厳しい都市では、都心でも竣工後100年以上経過した建物がめずらしくなく、内装だけ更新して使い続けられます。そのため、住宅・ホテル・商業・オフィスなどの相互転換は頻繁に行われているようです。

　このような用途転換を行うことで、ひとつの建物に、複数の用途のフロアや居室が共存することになります。

　しかも、いわゆる雑居ビルのはずなのに、雑然とした印象にならず、むしろ、にぎわいのあるなかでも落ち着いた、いわゆるハイエンド向けの街を形成しています。

　雑居といっても、ワンフロアがすべて住居であったり、大使館がオフィスとして入居していたり、高名なデザイナーのオートクチュール（注文服）の店舗が入っていたりするなど、内容は日本のいわゆる雑居ビルとは相当異なるようです。

　日本では、オフィス市場の変化を受けて、主に中小ビルで、住宅への転換が進みつつあります。
　住宅の賃料のほうがオフィスの賃料よりも高くなっているエリアでは、このような転換が促進されるでしょう。
　また、オフィスにキッチンを設けることが流行していることは、用途のハイブリッド化のきざしかもしれません。

　オンとオフとの相互乗り入れについて、第25号・第26号で取り扱いましたが、このようなハイブリッド化は、建物のハード面での相互乗り入れの一形態ともいえます。
　街づくりにおいてもミクストユース(第36号参照)が強く意識されるようになっているなかで、こういうハイブリッド化についても考えておく必要がありそうです。

　建物について考えてみると、何もない躯体にもっとも近い用途は、オフィスです。
　シンプルに考えると、オフィスがプレーン型で、あとはこれに何かを付け加えられるようにしておけばよいということになります。

　しかしながら、その「これに何か付け加えられるようにしておく」ということが、簡単ではないようです。
　内装・設備をもっとも細かくつくり込まなければならないのは、住宅、ことに共同住宅です。
　あとで住宅に転換できるようにするということは、これまでの方法では、はじめから共同住宅をつくるのと同等の設計が必要になります。
　とくに、建物内に給排水の縦系統配管をとろうとすると、あら

かじめそのような設計になっていないと、対応が困難です。

- 建物の外に縦系統配管を取り付ける（あるいは、後付けできるようにしておく）
- 天井高を高くしておいて、あとで床配管の勾配がとれるようにする

など、技術的に手当てできることをあらかじめ設計に織り込んでおくことはできないでしょうか。

オフィスと住宅とが自由に相互転換できるコンバージョンを実現するのに課題が多いとすれば、キッチンのあるオフィスや、テレワーク用執務スペースのある住宅などのハイブリッド的な形態から検討するということもありかと思います。
オフィスを基本にしたハイブリッド型であれば、専用部ではなく共用部にキッチンやシャワーブースがあるだけで、商品としての訴求力が高まるでしょう。

また、ヨーロッパでの事例をみると、竣工後100年以上経過している建物では、コンバージョンが日常的に行われているので、まだ日本で知られていない技術的方法があるのではないでしょうか。
耐震対応の必要などを考えれば、海外の事例をそのまま日本にあてはめることはむずかしいでしょう。それでも、海外の事例を参考にしながら、現実的な方法を考えてゆければよいと思います。

実際にコンバージョンを経験した専門家の本を読むと、日本の場合は用途変更に伴う法規制がきびしく、実際上これが壁になっ

ているといいます。

　新宿区百人町の旧ホテル海洋は、日建設計によって、HUNDRED CIRCUS East Tower（ハンドレッド・サーカス・イースト・タワー）という商業・オフィス・サービスアパートメントなどの複合施設にコンバージョンされましたが、建築確認をとりなおしたようです。

　海外の例をみると、シカゴでは個別のプロジェクトの地道なはたらきかけで、行政の定める用途の壁をすこしずつ変えていって、現在はかなりフレキシブルな転換ができるようになったといわれます。行政側も、供給過剰のオフィスの総供給量を調整するための仕掛けとして、いわば経済的必要に後押しされて、このような動きに呼応していったようです。

　日本でも、地域を限定して、ハイブリッド用途特区のような形で実験することができればよいと思います。

参考文献

HUNDRED CIRCUS East Tower（ハンドレッド・サーカス・イースト・タワー、日建設計のホームページより）：http://www.nikken.co.jp/ja/archives/00208.html

馬場正尊著『都市をリノベーション』（NTT出版）
　馬場氏は建築家で、雑誌編集長の経験があり、東北芸術大学准教授。
　「東京R不動産」を主宰し、中古不動産ストックを文化的視点から再評価し、新たな経済価値を見出して商品化するなどのメディア機能を提供しています。
　当社関係では、同氏の建築設計事務所「Open A」がコレド日本橋の公開空地の活性化を手掛けています。

オフィスの資料やデータのマネジメント

紙の減少と電子データの増大、
レコードマネジメント
Document and data management:
recent working scenes of paper reduction
by increasing electronic data

　第50号は、オフィスにおける資料やデータのマネジメントについて考えます。

　第12号で、オフィスのさまざまな機能をつぎのように列挙しました。

(a) 接客の場所
(b) 会議の場所
(c) 事務作業の場所
(d) 財産や情報を安全に保管し、管理する場所
(e) 外部営業の拠点
(f) 商品を展示する場所

　文字の書かれた紙資料は、このうち主に(b)(c)(d)にかかわります。
　会議で資料を配布するのは、(b)の機能と関係します。
　資料自体を作成するのは、(c)の機能と関係します。
　紙資料をキャビネットに保管するのは、(d)の機能と関係しま

す。

　ICT化で、紙資料の分量は減少しています。統計によると、印刷・情報用紙の生産量は、2000年に1174万トン、2013年に857万トンです（経済産業省生産動態統計調査）。13年間でじつに27％の減少です。

　重要な会議の資料も紙でなくてはならない必要はなく、契約書関係についても電子化が進んでいます。
　古い契約書は紙で残り続けますが、スキャンでもいいとなればこちらも電子化されます。
　株券や会計帳票も電子化が容認されてきています。当社の決裁書も電子化されました。

　休暇でサンフランシスコに出かけたときの体験ですが、お店で「領収書はいりますか？」と聞かれ、「いります」と答えると「決済したタブレットにメールアドレスを打ち込んでください」といわれ、そのとおりに打ち込むと、あとでメールで領収書が送られてきました。
　一度メールを登録すると、次回以降同じクレジットカードで払ったものは自動的にメールで送信されてきます。
　また、現地では、レジではなくタブレットを使っている店が増えているようです。
　決済は、クレジットカードでキャッシュレスになってきただけでなく、ICTを使ってペーパーレスになってきているようです。

　紙資料は、まったくなくすことはむずかしいものですが、すでにPDF化などの技術が進んだことで大幅に減少してきました。

ファシリティマネジメントの用語で「ファイルメーター」という言葉があり、社内の書類を積み上げた高さを就業者数で割って、1人あたりのメーター数を計算したものを指します。
　幅50センチ×5段の一般的なキャビネット1本で、2.5ファイルメーター程度を保管できます。
　2008年ごろ、他社に紙資料管理についてヒヤリングしたことがありますが、当時は、営業部門で3ファイルメーター、管理部門で9ファイルメーターぐらいが普通といわれていました。
　一説によると、現在はその半分ぐらいが目安といわれます。

　会議資料としても、パワーポイントなどのスライドをスクリーンに映したり、参加者がモバイルPCやタブレットで資料を閲覧することにより、紙で資料を配布する必要性は低下しています。
　情報としての紙資料の保管についても、「レコードマネジメント」という文書整理の専門業種がありますが、かつては図書館における図書の整理・保存と似ていたのが、いまでは電子情報のセキュリティに関する作業の比重が高まっているようです。

　紙資料は、減少するにしてもなくなるものではなく、紙で残すものはかえって情報の重要度が高いものが多いでしょう。
　紙資料についての事務作業とひとくちに言っても、フルバージョンでは、つぎのような一連の流れになります。

①紙資料を作成する
②定型のファイルに綴じる
③ファイルを分類する
④アクセスできる人の範囲などのアクセス権限を決める
⑤ファイルを格納する場所を決めて登録する

⑥ファイルを格納する
⑦必要に応じ紙資料を検索してさがし出し、貸出記録をつけて出し入れする
⑧必要に応じ紙資料を複製する
⑨保管期間が過ぎれば破棄する

　こういう一連の事務作業は、少なくとも重要度の高い文書については残るはずです。

　この分野は、上述のオフィスの機能（c）（d）に関係していて、オフィスにはつきものです。
　それでも、金融関係以外の企業では、専門業者を雇って行うことは少ないようです。それは、従来は企業のなかに紙資料が膨大にあって、レコードマネジメントにお金と手間がかかったからで

もあります。

　レコードマネジメントは、いまのところ、専門業者のほか、大手倉庫会社が新規事業としてサービスを提供しています。

　電子データの世界においては、保管コストは飛躍的に安くなりましたが、データ量も飛躍的に増加しています。紙のように実際にスペースを取り、捨てる圧力がないぶん、野放図になっている状態ともいえます。

　当社でも、共有ドライブがすぐに満杯近くになってしまい、システム担当からファイル削除の依頼が頻繁にされています。

　電子データこそ、管理をきちんとしなければ紛失するリスクがあると思います。電子データであっても、レコードマネジメントの流れ（とくに③以降）はほぼ同じはずです。

　一方、紙の資料は、減少により重要なものに限られつつあるので、その分管理はしやすくなってきています。

　紙と電子データをまとめて管理するサービスを提供して、倉庫・クラウドサービス両方を一元的に請け負うことができれば、テナントは助かるのではないでしょうか。

　オフィスでの新しいサービスメニューのアイディアのひとつとして、検討するとおもしろいと思います。

参考文献
最近の1人あたりファイルメーターの事例（イトーキのホームページ）：
　　http://www.itoki.jp/solution/filingsystem/
レコードマネジメントについて（公益社団法人日本文書情報マネジメント協
　　会のホームページ）：
　　http://www.jiima-office.jp/line_ra/re/RM/tabid/206/Default.aspx
　　http://www.jiima.or.jp/

特別な場所、「名所」の成り立ち

ストーリー（言葉）と景観とのセット、地名のアイコンへの昇華
Origin of 'meisho' (notable sights): special area where verses and landscape come together. Sublimate location into a symbolic icon

　第51号は、人々が共通のイメージをもつような、特別な「場所」の成り立ちについて考えてみます。

　これまで第41号、第43号、第47号などでみてきたとおり、新しいオフィスは、企業の文化の舞台となる場所として、幅のある個性をもつことが商品として必要と考えられます。
　それは、場所じたいが、ある文化を共有する人々の記憶に、具体的なイメージをもって残りうるということでもあるでしょう。

　そういう場所がどのように成り立ちうるのかを考えるうえで参考になるのが、日本における「名所」のつくられかたです。

　和歌の世界には、「歌枕（うたまくら）」とよばれる、一群の地名があります。
　多くの和歌は、このような歌枕の地名と、季節の情景とを組み合わせる形で成り立っています。
　たとえば、歌枕として奈良県の龍田川（たつたがわ）を、秋のもみじの情景と組み合わせて詠んだ、在原業平の歌を挙げてみます。

「ちはやふる　神代もきかず　龍田川
　からくれなゐに　水くくるとは」

　歌枕は、古来あるストーリーを伴って、人々にイメージが共有化された場所です。
　歌人は、実際に歌枕の場所を訪ねていなくても、その歌枕について共有されているイメージを利用して歌をつくります。
　さらに、そうしてつくられた歌が、今度はイメージの共有を促進します。
　ここにあげた龍田川も、古来から神のいます仙境としてのストーリーを伴う場所で、たくさんの歌にとりあげられることで、紅葉の日本随一の「名所」として広く知られるようになりました。

　俳人の芭蕉は、江戸時代からみてもはるか昔に成立した歌枕を、実際に自分の足でたどって、その所々で俳句をつくっています。『奥の細道』は、その道行をつづりながら、そのなかで生まれた俳句を配した書物です。
　そして、古来の歌枕以外でも、新たな歌枕ともいうべき場所で、俳句を詠んでいます。
　たとえば、最上川で詠まれた有名な俳句をあげてみます。

「五月雨を　あつめて早し　最上川」

　風雅のまことを求める旅路である『奥の細道』じたいがストーリーになって、最上川のイメージを形づくっています。
　こういう名句のつくられた場所が、いまに至る東北観光の「名所」になりました。芭蕉の俳句は、そのまま観光ポスターのキャッチコピーに使うことができるでしょう。

 「名所」は、ある特徴的な「景観」のうえに、人々が共有しうるイメージを重ね合わせることで成立しているといえます。

 その重ね合わせのきっかけとして重要なのが、その場所のストーリーを表す「言葉」です。

 ストーリーと「景観」とがセットになって、そこに人々がイメージを重ね合わせることで「名所」ができあがるのだと思います。

 そして、そういうストーリーを喚起する「アイコン」に昇華した地名が、歌枕といえるでしょう。

 もっと新しい例で、渋谷駅前の忠犬ハチ公の銅像について考えてみます。

- まず、帝大教授（当時の中産階級の代表的存在です）であったご主人の没後も毎日駅に迎えに行った、というハチ公のストーリー（「言葉」）があって
- そのストーリーを視覚的に記念するために銅像がつくられ（「景観」）
- そしてそのストーリーを多くの人が「共有」することで

ハチ公の銅像という「名所」ができあがっています。

 芭蕉がつくったようなキャッチコピーはありませんが、「忠犬ハチ公」という言葉じたいがストーリーを端的に呼び起こします。

 忠犬ハチ公の銅像は、昔風にいえば歌枕にあたるもので、今風にいえば「アイコン」です。

 そして、忠犬ハチ公が、渋谷の街全体のイメージのある部分を形成していることはまちがいないでしょう。

 ブランド地名といわれるもの、たとえば、マンション顧客調査でよく名前のあがる、「自由が丘」「吉祥寺」「白金」といった地

名も、ストーリーすなわち「言葉」を背負った「アイコン」になっています。

　たとえば「自由が丘」であれば、昔の中産階級の家族がそこで営んでいたであろう、文化的に開けた豊かな生活のイメージがストーリーでしょう。このストーリーとセットになっているのが、武蔵野の面影を残す住宅街や、昔の中産階級向けのハイカラな店舗などの「景観」です。

　自由が丘の場合は、地名にある「自由」の2文字が、開けたイメージをもっていて、地名の「アイコン」への昇華を促しています。

　いうまでもありませんが、不動産業の取り扱う商品では、地名と商品価格とが直結しています。

　　東京での明治以来の「アイコン」としては、丸の内や銀座が代

表的です。それぞれの「アイコン」がストーリーを背負っています。

　丸の内は、東京でもっとも早い時期に洋服を着た勤め人がいそがしく行き交うようになった、横文字的な「ビジネス」の街でしょう。

　銀座は開港地横浜への玄関として出発し、舶来品や洋風文化をいちはやくとり入れる、ハイクラスの消費と娯楽の街でしょう。

　日本橋のこれまでのストーリーは、明治よりもさかのぼって、東海道五十三次の起点で、花のお江戸の中心としてのものでした。

　日本橋をライフサイエンスの「聖地」にしようという動きが盛り上がっていますが、「聖地」とは、「名所」同様に、特別な「場所」「アイコン」ということです。

　これを成功させるために必要なストーリー、「言葉」は何か、それとセットになる「景観」は何か、という問題意識で検討するとよいのではないでしょうか。

　「言葉」が人々にとっての場所のイメージをつくるということは、物理的なものだけではなく、文化的なものが不可欠ということです。

　人々がイメージを重ねていく種になるようなコンテンツを、新旧にかかわらず大切にすることが、じつは場所の商品価値につながると思います。

　場所の価値を高め、場所のイメージを積み重ねるために、これははずせない要素です。

オフィスの
フリーアドレス

組織間の風通し、仕事に応じた選択の幅、フリースペース
Non-territorial office space: open atmosphere with many choices to cater the needs of various projects

　第52号は、フリーアドレスのオフィスについて考えてみます。

　フリーアドレスについては、組織の壁をこわし、組織間の風通しをよくするために、検討する企業が増加しています。
　それまで隣どうしになりにくかった人とならんで仕事をすることで、それまでにはなかったルートの情報が交換されて新しい価値が創造されるという効果があります。
　フリーアドレスに移行するには、個人で保管していた書類の大幅な削減が必要で、文書管理・情報管理のうえでも改善の契機になります。
　従来の島型のデスクでは、組織とヒエラルキーが物理的配置にそのまま反映されていましたが、フリーアドレスは基本的にそういう反映を排するものです。
　ICT化の進展によって、従来の組織・ヒエラルキーによる情報伝達ルートの意味が変わりつつあることが、その背景にあるでしょう。

　海外では、オフィスではたくさんの個室をつくることが主流で

あった時代もありましたが、いまは日本の島型のオフィス配置をとり入れる企業も増えているようです。これもオープンな職場をめざすという意識の表れでしょう。フリーアドレスは、オープンな方向をさらに推し進めた形態といえます。

　もちろん、企業のなかでメインとなる働きかたのちがいによっては、フリーアドレスではうまくいかないという例もありえます。
　ITやデザインなどのクリエイティブ系の職場では、タレントをもった人が、室内にそれぞれの拠点をもって仕事をするほうがよいという場合もあります。
　それは芸術家のアトリエのような居場所を設けるありかたといえます。
　フリーアドレスであっても、そういう例外がまったく許されないわけではないので、ほんとうに必要であれば共存を検討してもよいのではないでしょうか。

　フリーアドレスの場合、席数は全員分用意しないという企業もありますが、逆に席数は全員分用意して、さらに余分にソファーや打ち合わせ机を用意することで、情報交換を促進することもできます。
　オフィスの生産性の観点では、第44号でもみてきたように、働く人が、TPOに応じて、室内での働く場所が選べるようになっているということが重要になります。
　そのためには、フリースペースの充実したフリーアドレスとする必要がありそうです。

　建築デザイナーなどの専門家のなかでは、もうフリーアドレスは最新トレンドではなくなった、という意見も出ているようです。

しかし、そういう意見も、よく読んでみると、フリーアドレスの単純な否定ではありません。
　働く場所をもっと自由に選択できるように、たとえば地方の村落なども含めたサテライトオフィスを推奨する意見もあります。部署ごとの働きかたのちがいを無視した一律の運用を問題視する意見もあります。いずれにせよ、単純にもとに戻せばよいということではないようです。

　フリーアドレスには、従来の組織やヒエラルキーのありかたを問うきっかけをつくるという効果があります。
　ひとつの完成形があるというものではないので、上記のような専門家の意見などもふまえて、改善を考えてゆければよいのではないでしょうか。
　そして、改善の模索のなかから、新しい組織や働きかたを創造するための、新たなヒントを得ることができればよいと思います。

参考文献
「固定席がない!?「フリーアドレス」オフィスのメリットとデメリット（Naverまとめ）」：
　　http://matome.naver.jp/odai/2143664149889697901
フリーアドレスへの問題提起の例（ITメディアニュースより）：
　　http://www.itmedia.co.jp/news/articles/1503/09/news001.html
　　居場所の必要性、社員が帰ってきたくなるオフィス、など、参考になる意見が述べられています。

第53号 ビジネスにおける多様性

差異と価値創造、
「寛容だからからこそ個性が発揮できる」
Diversity of businesses : creation and variance of values. Broad-mindedness allows originality to shine through

　第53号は、ビジネスにおける多様性について考えてみます。

　経済においては、取引主体間で価値序列が異なるからこそ、取引が成立するといわれます。
　ある人（Aさんとします）は、パンはたくさんもっているが、お米をもっていないとします。一方、別の人（Bさんとします）は、お米はたくさんもっているが、パンをもっていないとします。
　Aさんはお米を手に入れるためにはパンを手放してもよいと思っていて、Bさんはパンを手にいれるためにはお米を手放してもよいと思っているとします。こういう状況であれば、AさんとBさんとの間で取引が成立します。
　この状況は、言い換えると、Aさんは自分にとってパンの価値をお米の価値よりも高いと考えていて、Bさんは自分にとってお米の価値をパンの価値よりも高いと考えていることになります。
　つまり、AさんとBさんとで、それぞれのもっている価値序列が異なるから、取引ができたのです。

　このように、価値序列の多様性があって、主体間で価値序列に

差異があるからこそ、経済活動が起こるわけです。

お客さまが買ってくれるようなものを売るというのは、

- お客さまの価値序列の上のほうにあるものを売るか
- お客さまの価値序列を変えて、あるいは付け加えて、新たに価値序列の上のほうになったものを売るか

ということになります。

後者の場合が、新たな経済価値の創造です。

多様性のない人々の集団が仮にあるとすれば、そこでは差異もなく交換もありません。すでに価値の定まったものの大量生産には向いているかもしれませんが、価値の創造には向かない環境です。

ひとつの企業のなかで、多様なビジネスモデルをもっていることが、イノベーションにとっては重要といわれるのは、このような理由によるものでしょう。異質なものがあるからこそ、異なる価値序列、新たな価値序列に気付くことができます。

都市が新しいビジネス創造の原動力になるとすれば、それは、多様な人々が集まっているからです。

考えかたも、嗜好も、出身地も異なる多様な人々がいるからこそ、経済的交換も発生し、新たな経済価値も創造できるのでしょう。

変わり者であっても、都市の共存をこわす者でない限り、寛容に受け入れる風土のある都市は、経済的に発展してきました。

ここで、多様な人々とひとくちに言っても、具体的にはどうい

う人々が集まっているでしょうか。

まず、男性と女性がいます。

女性のなかには、専業主婦もいれば、共働きの人もいれば、シングルの人もいます。

毎日通勤する人もいれば、店や工場を自ら営んでいる人もいれば、学生もいます。

職を求めている人もいれば、働かないで好きなことをして暮らしている人もいます。

高齢者もいれば子どももいます。

健康な人もいれば、病気の人もいます。

健常者もいれば、障害者もいます。

要介護者と暮らしている人もいます。

いろいろな信条、いろいろな宗教の人がいます。

都市で生まれた人もいれば、地方から来た人や外国から来た人もいます。

分類しつくせない境界領域にいる人もいます。

こういう多様な人々が、都市の経済力や情報力を求めて集まっているといえます。

経済活動も、情報の流通も、価値序列が異なるからこそ発生します。

現代の問題は、ICTによって、国や都市や民族を超えて、情報の流通ができるところにあります。

バーチャルリアリティとは、言いかえれば、バーチャル都市といえそうです。

大量生産の時代が過去のものとなった現代における企業にとっては、新たな経済価値を創造できるかどうかが、死活問題といえ

るでしょう。

　オフィスは、そのような価値創造を可能にする多様性を共存させるための舞台であり、都市のミニチュア版の役割をはたします。
　そのためには、多様性をとらえるなかで、

- 視野に入っていないものはないか、頭から、「関係ない」あるいは「およびでない」と思っていることはないか
- 大まかにひとくくりにとらえていることはないか

などを問い直すことが必要と思います。
　多様性に気付くことは、自分が固定観念から解放されることでもあります。
　固定観念から解放されることは、新しい経済価値を創造するために、必要なことです。

「およそ異なる価値の共存ということがありうるか」という問題は、人類はじまって以来の大問題のひとつです。

政治の問題とは、多様性の共存をどう図るかという問題であるといえるでしょう。

特定の価値を正面から掲げる、たとえば政党や宗教団体の場合は、価値の問題は、場合によりおたがいの争いになることがあります。

しかし、企業では、自社の企業文化をしっかりと保持しながら、多様性に寛容であることは、可能なのではないでしょうか。

企業文化において、多様性とそれを保障する寛容さは必要条件であり、その企業で働く人が共有する企業の個性が十分条件なのでしょう。

寛容だからこそ、個性が発揮できるともいえます。

エクセレントカンパニーといわれる企業は、企業文化が強い企業でもありますが、このようなありかたで、企業文化と多様性との共存を図っているのではないでしょうか。

ヒューマンスケールの街

徒歩可能な範囲、
オフィスの外を含めたユーザビリティ
Human scale and urban living: pedestrian-friendly environment with improved usability in & outside the office

　第54号は、オフィスワーカーを想定したヒューマンスケールの街の大きさについて考えてみます。

　世界の各都市の都心について比べてみると、ある都市の都心のもっともにぎわっている目抜き通りは、だいたい徒歩30分から40分、3km前後です。

　たとえば、

（上）東京
（下）ロンドン

- 東京都心では、神田駅から、日本橋、銀座を経由して、新橋駅までの中央通りが約3.4km、80m歩くのに1分かかるとすると、約43分
- ロンドン都心では、チェアリングクロスからリージェントパ

ークまでのリージェントストリートが約2.4 km、徒歩換算約30分

- ニューヨーク都心では、セントラルパーク南端からユニオンスクエアパークまでの5番街・ブロードウェイ合計で約3.4 km、約43分
- パリ都心では、マイヨー広場から、凱旋門を経由して、コンコルド広場までのシャンゼリゼ通りが約3.2 km、約40分
- 香港都心では、中環（セントラル）から銅鑼湾（コーズウェイ・ベイ）までの金鐘道（クイーンズウェイ）・軒尼詩道（ヘネシー・ロード）が約3 km、約38分

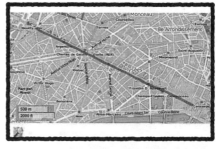

（上）ニューヨーク
（中）パリ
（下）香港

　都心の高度商業地は、人がゆっくりと、ときどき寄り道をしながら、しかもあまり疲れないで、1時間内外で歩ける範囲で成り

立つ、ということでしょう。

　そして、始点と終点は、たいてい主要な駅や大きな公園などで、散歩をはじめたり終えたりするのにふさわしい場所です。

　目抜き通りには、並行した通りや、横道があって、多少入り込んだところまで、商業店舗がならびます。

　街の大きさというと、休暇でサンフランシスコを訪ねた人の話を聞く機会がありましたが、街のコンパクトさが印象的だったとのことです。

　目抜き通りはマーケットストリートで、通りの南北にオフィス街や商業が集積しています。

　中心地あたりから海沿いのエリアまでも徒歩20分圏内、また海沿いのエリアも商業化されていて、観光名所となっています。

　中央通りを歩きながら、ここにどのようなアイテムがあれば楽しいかを思い浮かべてみるなど、ストーリー性のある街づくりを考えることも重要です。

　ワークプレイスにおいては、オフィスの中だけでなく、外も含めたユーザビリティが整っていることが、お客さまに評価されると考えられます。

　オフィスで働く人はふつう、そう長い時間オフィスを空けるわけにはいきません。

　気分転換に少々外出するとしても、同じ建物の中か、建物の外でも歩いてゆける範囲に限られます。時間も、散歩ではないので1時間もかけず、せいぜい徒歩で往復15分ぐらいまでという範囲でしょう。

　また、会社からの帰宅時にどこかに立ち寄るとしても、最寄駅

からあまり離れたところまでは行きにくいでしょう。

　このようなことから、オフィスで働く人にとっての街歩きのニーズを満たしうる範囲は、片道600〜700mぐらいまでではないでしょうか。

　たとえば、日本橋の三井本館の南東角から、日本橋丸善までが、中央通りを歩いて約650mです。

　オフィスビルは、そのエントランスからそのぐらいの範囲のユーザビリティが整っていれば、付加価値が高まるということになります。

　このような目でオフィスビルのまわりをみてみるのも、有益ではないでしょうか。

三井本館南東角からおおむね600mの圏内（円）
＊円は厳密に正確ではありません。

第55号 都市のにぎわいと公共交通

keyword

世界の都市の共通の話題、地下鉄、路面電車、水上交通
Urban liveliness and public transportation in major cities worldwide: subway, trolley, and water transport

　第55号は、都市のにぎわいと公共交通との関係について考えてみます。

　第46号で取り扱ったタルディッツの意見のなかにありましたが、東京の公共交通網は、道路・鉄道ともに、都心をめざす形で高度に網羅されています。

　コンサルティング会社のプライスウォーターハウスクーパーズ（PwC）が、世界都市ランキングを発表しています（参考文献）。

　2014年5月発表のランキングから、公共交通システムだけ抜き出すと、1位グループ（評点30）がロンドン、トロント、2位グループ（評点28）がパリ、ストックホルム、シンガポール、ベルリン、3位グループ（評点24）が東京、ソウル、香港、シカゴとなっています。

　これらの都市では、どれも地下鉄網が整備されています。

　世界の地下鉄の路線図は、書籍やインターネットで比較的簡単に入手できます。

　訪れたことのない都市は、普通の地図だけでは土地勘がつかみ

にくいですが、地下鉄路線図と読み合わせると、都市の構造がみえてきます。

どこがその都市の中心であるかは、地下鉄の路線が集まっているところでわかります。そこから反対に、たとえばある都市では、長距離鉄道の駅が、じつは都市の周縁に位置していて、その駅前がかならずしも都心ではないことなどもわかります。

東京をほかの都市と比較してみると、東京の地下鉄はまた独特のおもしろさがあると思います。

東京の地下鉄は地下茎のようになっており、いくつかの核があるように思えます。

地下鉄路線図をみると、4路線ぐらい乗り入れている駅を発見し、「思ったより便利だったんだ」と認識を新たにすることがあります。

ちなみに、2015年11月に山手線が新型車両の不具合で止まったとき、専門家が報道で、「地下鉄を含む東京の鉄道網は山手線が動いていることを前提につくられているので、山手線が止まったときの打撃は大きい」と話していました。

世界的に、都市で暮らしている人が共通に話せる話題のひとつが、地下鉄の話だと思います。

世界の地下鉄の本を読むと、自分にとってあまりなじみがない都市にも、地下鉄が通っていることに気づかされます。

どうやって切符を買うか、地下鉄でどうやって勤め先に通っているか、満員電車はどんな様子かなど、ディテールのちがいはあっても、地下鉄のある都市の生活者は、共通の利用経験をもっているといえます。そして、そのディテールのちがいもまた話題になりうるでしょう。

1駅と1駅の間が比較的離れている地域では、地下鉄だけでは不便なこともあります。それを補う公共交通手段が、バスや路面電車でしょう。
　しかし、東京では、都電は荒川線を除いて廃止されました。バスも、地下鉄路線と並行に走っている路線は、一部例外はありますが、15分に1本程度と便数が少なくなっています。

　都電のあった時代は、通勤の途中に街の様子が車窓からみられたので、帰宅時に途中下車して、気になる街にちょっと立ち寄ることが日常的にありえました。
　地下鉄では車窓から街を眺めるということがありませんので、そういうことは起こりにくいです。
　東京の都心に数多くあった商店街が衰えたのも、ひとつには都電の廃止の影響があったのではないでしょうか。
　路面電車ではなくてバスであっても、短距離の便数がもう少し増えれば、ある程度にぎわい創出の効果が出るのではと思います。
　ただし、電車は、路線からはずれることなく確実に目的地につけるところに安心感があるように思いますので、一長一短でしょう。

　東京では、水上交通を見直そうという動きもあります。
　明治までは、東京の公共交通として、水上交通は日常的に使われていました。
　昔は日本橋や深川には、川や堀に沿って船着き場がたくさんありましたが、いまは、治水などのために、接岸できる場所が限られています。また、定期航路設定などのためには複雑な行政手続きもあります。
　それでも、水上タクシーなどの可能性が模索されています。

　湾岸や江東区などから、船で日本橋や築地まで来られるようになると、便利になるでしょう。また、羽田空港に着いた観光客を船で都心まで送客すれば、水辺からの景色を楽しんでもらえるのではないでしょうか。

　都心のにぎわいが都市の経済的繁栄に不可欠であるとすれば、都心のにぎわいをとりもどすために、街を歩く人の観点から、公共交通を整備することも必要でしょう。

参考文献
世界都市ランキング（2014年5月発表）：
　　http://www.pwc.com/jp/ja/japan-knowledge/thoughtleadership/cities-of-opportunity1409.html
Mark Ovenden, "Transit Maps of the World"（Penguin）（英国）
　　Penguinのホームページでの紹介記事：
　　http://www.penguin.co.uk/books/ transit-maps-of-the-world/9780141981444/
　　世界の約100の都市の地下鉄などの地図を集めたもの。交通システムだけでなく、発行されている地図じたいのデザインにも着目していて、読み物としてのおもしろさも意識された内容です。過去の地図も収録されていて、各都市の交通網発達の歴史もわかります。旧版の宣伝文には、「コーヒーを飲むテーブルに常備しておいて、ぱらぱらめくってながめるのに好適の本」とありました。
東京ウォータータクシーの乗船体験記事（News for Travelのホームページ）：
　　http://news.4travel.jp/25548/

第56号 アトリエ型オフィスの可能性

keyword

現代のオフィスとは別の「枝」、
人間にしかできない創造活動の場所
Alternative to work space in the modern age, in contrast to eroding human action by ICT

第56号は、アトリエ型のオフィスの可能性を考えてみます。

第23号でふれましたが、現在のオフィスのモデルは、20世紀初頭の工場がもとになっていると考えられます。

これからのオフィスの形を考えるとき、いまのオフィスの延長上で考える方法もありますが、もうひとつ、いまのオフィスのもととなった幹にもどって、別の枝がそこから張り出す可能性を考えてみたいと思います。

20世紀初頭の工場は、それまでの手工業の工場が、産業革命による大量生産に対応するために、大型化・規格化されたものです。

フランスでは、工場や作業場や建設現場は"atelier"（アトリエ）とよばれます。

ほかにも工場を指すものとして"usine"という言葉もありますが、日本でなじみのあるのは、この「アトリエ」という言葉でしょう。

日本では、「アトリエ」という言葉は、とくに美術制作の工房を指して使われることが多いようです。

　この言葉が日本に入ってきたのは、明治時代のようです。
　明治時代には大型化・規格化された工場はほとんどなかったので、19世紀までの手工業や美術制作の工房や作業所の意味が定着したのでしょう。

　いまのオフィスのもととなった幹にあたるものは、この「アトリエ」ではないかと思います。
　手作業の工房は、そこで仕事をする人の道具の延長として、使いやすく、作業で汚れたり火花が散ったりしてもさしつかえない、実用的なものでした。
　仕事に必要な見本品やアイディアのための図案も、片隅に積まれていたりしたでしょう。また、少人数でも複数の職人が共同で作業する場所でもあったでしょう。
　東洋で伝統的に「書斎」とよばれたものも、単に書籍と文机があるだけではなく、墨と毛筆で書画を制作する工房でもあったので、「アトリエ」に含まれると思います。

　現代のICT企業が、大学のキャンパスのような、多様な働きかたの選択できるオフィスを求めているとすると、アトリエはどのように位置づけられるでしょうか。
　アトリエは、ものづくりのプロの場所です。一方、キャンパスは、大学のように、研究開発から課外活動までを含む、多様な活動の場所です。
　キャンパスのなかでも、共同作業で制作してゆく場所は、アトリエとよびうるでしょう。その意味で、キャンパスとアトリエとは、厳然と概念が分かれるのではなくて、重なりのありうる概念と思います。
　たとえば、起業したての会社にとっては、共同制作の部分が価

値創造の中心になることが多いでしょう。そういう会社には、小ぶりな建物であっても、使用方法の制約が少ない場所をアトリエとして使いたいという需要があるのではないでしょうか。

　東京では、かつては下町に、こうしたアトリエ的な手工業の工房がたくさんありました。
　旧日本橋区は、住居と工房と商店とが混在する街でした。昭和通りよりも東側には、いまでも、指物師や表装など伝統工芸の工房が残っています。

　アトリエ型のオフィスを事業にするとすれば、新築物件や大規模物件である必要がないので、資金的な敷居は比較的低いでしょう。
　しかし、既存建物を商品として提供するには、耐震性などの品質を含めて、企業が直接携わって解決しなくてはならない問題もあります。
　そのうえで、アトリエらしいセンスが感じられるものを供給することが必要になります。
　渋谷がキャンパスの延長のイメージで新しい企業を引きつけているのであれば（第48号参照）、日本橋はアトリエのイメージで新しい企業を引きつけることはできないでしょうか。

　日本のオフィスの進化の過程では、高度成長のなかで合理化、大量生産の方向に枝が張っていって、多様性の方向の枝は伸びませんでした。
　しかし、高度成長が過去のものとなり、多様性が求められる現代において、いったんもとの幹にもどってみて、多様性の方向の枝に可能性を見出すことができればと思います。

　江戸・明治・大正の職人の営んでいた多様な工房の世界の流れを受けて、「アトリエ」という形で提示すれば、新しい働きかたを引き出す需要を創造できるかもしれません。

　19世紀のフランスでは、「アトリエ」という言葉は、美術を志す若者の私塾という意味ももっていたそうです。
　美術とは、基本的には人の心にうったえるすばらしいものをつくることですから、ファッションや芸能や流行とも直結して、新たな価値を創造するものです。
　ICTの進化でロボットに替わられる職業、人間にしかできない職業という話題を最近よく耳にしますが、「アトリエ」は、人間にしかできないクリエイティブな創造活動をする場所です。

「アトリエ」は、新しい働き場所のありかたを考えてゆくうえで、ひとつのキーワードではないでしょうか。

コクヨのアトリエ型のオフィスの事例

　コクヨが西麻布で経営している「krei」(クレイ) という2階建てのビルの1階に、コクヨの物づくり系の部署が入居しています。営業企画チームのメンバーが現地を見学しました。

椅子の試作品がおいてあったり、工具があったり、試作品がすぐつくれるような工房スタイルをとっていました。天井も高く、もともとアパレル会社が使用していたビルのようです。地下1階はフリースペースのようになっており、ちょっとしたパーティなどもできるようになっていました。2階はレンタルオフィスでSOHOのような雰囲気でした。

　コクヨの部署は、リアルな物づくりをしているので、ICT系企業などとは使いかたが異なるでしょうが、アトリエ型のオフィスをイメージするひとつの参考になるでしょう。

　　　　　　(コクヨのクレイプロジェクトのホームページ)：
　　　　　　http://krei-project.com/facilities

参考文献

東京都中央区の伝統工芸について (中央区のホームページ)：
　http://www.tokyochuo.net/issue/traditional/index.html

グローバル化・ICT化における「場所」の意味

顔の見えない時代、
都市の可能性と不動産のマネジメントの可能性
Location within a globalized, ICT-oriented world. Faceless era, and the prospect of urban life & real estate management

　第57号は、グローバル化やバーチャル化が進むなかでの「場所」の意味について、ひとつのイメージを紹介します。

　グローバル化、バーチャル化の世界は、人の顔の見えない世界でもあります。
　たとえば、グローバル化により、金融取引では、国際的な大手金融機関に適合したルールに、全員が従わなくてはならなくなります。
　そういう事実上のルール（デファクトスタンダード）は、特定の政治家が決めるのではありません。顔の見えない、どこにいるのかわからない、政治リーダーでも役人でもない少数の人々が決めています。そして、世界のビジネスはそれに従わざるをえず、各国政府もこれを追認せざるをえなくなっています。
　これでは、人々は異議をとなえたくても、どこに向けてとなえればよいのかわかりません。これは世界の人々にとって、とても困った状態です。どこのだれかが決めたのかわからないルールで、ある日突然仲間はずれにされてしまうかもしれないからです。

グローバルと自称するルールが、じつはある地域の人やある部分の人を排除してしまうかもしれない一方で、グローバル化の手段のひとつであるICTを逆手にとって、国境や民族を超えた見えない集団が形成されて、社会攻撃が行われることがあります。一般市民も巻き込まれる、目下深刻な問題です。

　ところで、世界の人口で都市に居住する人の割合（都市化率）は、1950年で30％、2014年で54％、2050年予想で66％といわれています（United Nations, World Urbanization Prospects, The 2014 Revisionより）。
　グローバル化と、ICTによるバーチャル化が進む一方で、都市化も着実に進んでいるということは、なにを意味しているのでしょうか。

　ここで、思考実験として、まったくリアルな場所をもたないで、バーチャル空間だけで、自分がどういう暮らしかたができるのかを考えてみます。
　場所に人が集まっていれば、話をしたいときに声を掛け、用事のないときにはなにも話さないでいることができます。それが普通の状態です。
　ところが、バーチャルなつながりだけであるとすれば、たえず発信し、たえず返信していなければ、人のつながりが維持できないような気になるでしょう。
　消費財をインターネットで買うという場面ではなく、ひとつの経済活動を協力して営むという場面では、この問題がはっきりします。
　リアルな場所は、ひとつの経済活動を協力して営む場合には、どうしても欠くことができないでしょう。

人間が集団で働くことの理由は大きく2点あると思います。

ひとつめは、異なる特性の技能を持ち寄り、コミュニケーションすることで、単純な人数の足し算以上の（1 + 1 → 3のような）付加価値を生むことです。

ふたつめはリスクヘッジで、ひとりで仕事をしていれば、成果が上がるとき・上がらないときがまばらにありますが、集団で働くことでおたがいにカバーしあうことができます。

これらのメリットは、問題の起こったつど、お金を出して買うという方法では得られないものです。

そして、オフィスとは、集団で働く場所であり、ひとつの経済活動が協力して営まれる場所です。

人々が集まって経済活動を営むオフィスが集積したものが、都市であるといえます。

都市を都市たらしめているのは、たくさんの人々がそこをめざして集まってくること（中心性）です。人々は、共存しながら、おたがいにコミュニケーションと協力をしながら、経済活動を営むために、都市に集まってくるといえます。バーチャル化の一方で、都市化率が上昇するということは、このような人々の必要があってのことです。

都市が「健全」に成長・繁栄することで、グローバルスタンダートとは異なる、都市の市民・企業の側に立った、デファクトスタンダードをつくることができるでしょう。

このように考えてゆくと、ICTの進展で、人が国境を越え、匿名性に隠れて情報操作することが可能になる世界において、時代を拓く答えは、都市にこそある、という仮説はどうでしょうか。

都市における政治は、都市という大きなアセットを、多様な市民や都市内の企業の共存のために、安全・快適に運営する、不動産のマネジメントに近いでしょう。

　外国では、都市の貧困層の増加が課題になっているところもあり、中産階層が増えるような経済運営が求められています。都市の経済的繁栄を図ることにより、このような社会問題を解決していくことも重要です。

　いわば、市民や企業は、不動産におけるテナントにあたります。

　オフィスビルのマネジメントは、テナントが、安全・快適に経済活動を行えるように、そして繁栄していくように働きかけていく活動です。当社のような不動産業と、都市の自治体とは、このような意味で似ているところがあり、おたがいの共通言語で会話が成立するはずです。

　都市のもつ力を再評価して、今後の成長に活かしていく、そのために不動産業を営む当社ができることがあるのではないでしょうか。

　20世紀後半以降のグローバリズムに続く、次の世代のテーマは、都市ではないでしょうか。われわれには、次の世代のテーマに貢献するチャンスがあると思います。

新宿の現在

道中にある人の街、巨大なモザイク、
戦後日本の縮図
Shinjuku today : active city with a mosaic atmosphere.
Epitome of post-war Japan

　第58号は、東京の新宿をとりあげます。

　第48号では渋谷について紹介しました。そこでは、大規模な再開発が進行するなかで、ほかのターミナルとあまり変わらない街になって、渋谷らしい個性が見えなくなりつつあるのでは、という示唆がありました。
　それでは、新宿はどのような様相にあるでしょうか。

　新宿は、新宿駅をはさんで、新宿東口から歌舞伎町あたりまで広がる、商業・サービス業の繁華街と、西新宿の超高層ビルが並ぶ街が広がっています。
　最近は、新宿駅直近の開発が進んでいて、南口には、JR新宿ミライナタワー（2016年3月竣工）をはじめ、新たな超高層ビルがつぎつぎに建設されています。
　新宿東口方面では、新宿コマ劇場の跡地には昨年春に新宿東宝ビルが竣工し、新宿六丁目の日本テレビゴルフガーデン跡地に2012年に新宿イーストサイドスクエアが竣工しています。
　新宿西口方面では、北新宿に新宿フロントタワーと住友不動産

新宿グランドタワーが2011年に竣工したほか、高層マンションがいくつか建設されています。

　これだけの広いレンジにわたる街を、ひとことで総括するのはむずかしいことです。まず街の成り立ちじたいが、新宿東口方面と西口方面とで異なっています。
　新宿東口方面は、江戸時代には甲州街道の江戸から最初の宿場としてはじまり、その後、国鉄と私鉄の結節点として、東京西郊の居住者を中心とする勤め人や家族の集まる街として発展しました。
　戦後は、空襲の焼け跡で、地元有力者の鈴木喜兵衛が新しい街づくりを主導し、地元民間人が原動力となって、歌舞伎町の繁華街が形成されました。
　新宿西口方面は、江戸時代は十二社(じゅうにそう)とよばれる景勝地がありましたが、そこに淀橋浄水場がつくられ、戦後はこの浄水場跡が超高層ビル街になりました。こちらは、行政主導で計画され、そこに当社はじめ大手不動産会社がビルを建設する形で開発が進められました。
　東京都庁は1991年に丸の内から西新宿に移転しました。

　このような成り立ちのちがう街を、交通の結節点である新宿駅が東西をつなげています。
　新宿三丁目の伊勢丹あたりと歌舞伎町とは、道1本隔てただけで、雰囲気ががらりと変わります。そこに、雑多ともいえるほどの多様な人々が集まります。朝から夜中まで、仕事が目的の人も、ショッピングが目的の人も、飲食や歓楽が目的の人も集まります。それぞれ、異なる目的地を目指す人々が、袖をすりあって時折互いの肩をぶつけながら通り過ぎます。

　新宿は、どこかへ赴く道中にある人の街、という感じがします。ひとところに腰を落ち着ける人が少なくて、先を急ぐ人のほうが多い街のイメージがあり、「流動性」「ノマド」といった言葉が似合うと思います。
　新宿の街を改めて眺めて考えたのですが、現在進展しているICT化によるバーチャル空間を、目に見える形にすると、新宿のような場所になるのではないでしょうか。

　新宿ではたくさんの超高層ビルがおたがいの回遊性や連絡なしに林立し、きょうも新たなビルが建てられています。
　新宿の街は、東も西も、大小やデザインのまるでばらばらな建物群のモザイクです（新宿駅のなかには、ずばり「モザイク通り」という名前の小道があります）。
　吉本興業の劇場「ルミネtheよしもと」や、紀伊国屋サザンシアターなど、劇場もいくつかありますが、これもとくに相互の連関性はなく、ばらばらに存在している印象です。

　歌舞伎町の新宿コマ劇場やゴールデン街がなくなってビルになっていくことに、いささかの感慨をもつかたもあるでしょう。
　しかし、いままでの建物もいわば道中の仮の姿であれば、またできる建物も新宿にとってはまた道中の仮の姿で、同じことだとも思われます。
　新宿は宿場町の昔からそういう街であり、現在もこれからもそういう街として、そういう新陳代謝が続くでしょう。
　はじめから個性があまり問題にならないという意味で、個性がなくなっていく懸念のない街です。
　特別な場所ではない、ユニバーサルな、巨大なモザイク……。
　地方や外国からの人を含めて、たくさんの人々が通過していく

街は、富や力の所在地としてイメージされる都会とは異なった肌合いをもった街です。

それは、じつは誰のためのものでもない、誰にとっても仮の場所、ということでもあります。

新宿は、誰もが匿名化し、ものごとが公衆化していくなかで、新陳代謝を自己目的のように繰り返す街であり、戦後日本の、そして東京のひとつの縮図といえます。

もっとも、新宿のなかでも、歴史の長い老舗は少数ながら残っています。

たとえば、「追分だんご本舗」は、青梅街道と甲州街道との分岐点の新宿追分で、元禄時代から旅人向けに茶菓子を商ってきました。ほかにも、寄席の「新宿末廣亭」は1897年（明治30年）から営業を続けています（いまでも木造とのこと）。

新宿の雑踏のなかで、昔なじみの看板をみつけると、ほっとした気持ちになりました。

参考文献
吉本興業東京本部オフィスの取材記事（公共R不動産のホームページ）：
http://www.realpublicestate.jp/estate/1167/
　吉本興業株式会社の東京本部は、新宿五丁目の旧小学校の建物をそのまま使っています。花園神社の北隣で、新宿ゴールデン街の北東の道向かいにあります。毎日が「文化祭」という雰囲気で、同社の商売柄、通常的なオフィスビルよりも合っているとのことです。

「都市とは何か」という問いかけ

チャンスの花園、ミクロコスモス、
街づくりのセンスと知
What is a city? A metaphor of a flower garden filled with florescent opportunities

　第59号は、「都市とは何か」という問いかけについて取り扱います。

　言い古された言葉ですが、「花の都」という言葉があります。

> あをによし　ならのみやこは　さくはなの
> 　にほふがごとく　いまさかりなり　　　　（万葉集巻三所載）
>
> みわたせば　やなぎさくらを　こきまぜて
> 　みやこぞはるの　にしきなりける　　　　（古今集巻一所載）

　古来、都市には、なにかしらの華やいだイメージがあります。
　都市が人々を引きよせるのは、そこで生活できるという期待や、そこでめずらしい事物に出会いたいという期待など、さまざまな期待に答えるチャンスがふんだんにあるというイメージがあるでしょう。
　大小さまざまなチャンスに満ちた、いわば「チャンスの花園」

というイメージでしょう。

　街を歩いていて、たとえば、書こうとしている提案書のヒントに、はからずも遭遇する、といったこともチャンスのひとつです。
　めったに目にすることのできない、一流の芸術家の舞台をみることも、国内でその都市にしかない学校で専門的な勉強をすることも、どちらもチャンスのひとつです。
　ビジネスにおいては、都市のなかで無数のビジネスミーティングがなされて、商品や情報の交換が行われますが、そういう出会いもチャンスのひとつといえるでしょう。
　こういうチャンスが、都市のなかのひとつひとつの場所にちりばめられています。

　都市をそのような花園に見立てたとして、その花園はどのような配置で成り立っているのでしょうか。空間的にも、時間的にも、ひとつひとつの花はどう配されているのでしょうか。
　ある時間のある場所に、ある花があるとして、それは偶然なのでしょうか、それとも全体の配置のなかでの必然なのでしょうか。
　ある時間のある場所に、どういう花を置けば、その花がもっとも活き活きとかがやき、また花園の魅力を高めることができるのでしょうか。

　都市とは何かを考えるということは、こういう疑問について考えるということです。
　ことに、街づくりにたずさわるということは、都市という花園の魅力を高めて、都市の経済力を増進するビジネスにかかわることともいえます。

　都市という花園がどういう配置になっているかについては、言葉の構造との関係がありそうです。

　第46号でタルディッツが述べている東京のモザイク的な展開は、さまざまな単語を助詞（てにをは）という「糊」によってつないでゆく日本語の構造（このような言語構造を、言語学では「膠着語」といいます）と関係があるような気がします。

　第51号で考察した名所の成り立ちにおいて、ストーリー、言葉が重要な役割を果たすことにもふれました。

　都市という花園は、その言語を使う人にとっての「宇宙（コスモス）」の縮約版である「ミクロコスモス」なのかもしれません。

　都市と言葉との関係は、とてもむずかしい問題で、これから時間をかけて考えていきたいと思っています。

　もっとも、仮に、都市と言葉との関係を、こういう考察の結果としてうまく取り出すことができたとしても、それだけでよい街づくりができるわけでもないでしょう。

　そういうことを明確には自覚していなくても、鋭い感覚（センス）をもっていれば、都市に魅力的なチャンスの場所を創造することができます。その感覚は、芸術感覚や身体感覚に近いものです。

　およそ土地というものは、人間の身体がそこに全く根拠をもたないで存在することができないもので、人間の身体の延長ともいえます。都市も土地である以上、身体の延長です。

　都市という花園は、宇宙の縮約版であるミクロコスモスであると同時に、宇宙のさらなる縮約版である身体の延長でもあるということでしょう。「宇宙→都市→建物→身体」という関係があるように思われます。

　芸術感覚や身体感覚が発達していれば、「都市とは何か」を明

確に言い表せなくても、自然に感得しているものがあるでしょう。
　言葉は、もともと身体の一部である発声器官の働きで発せられるものですので、芸術感覚や身体感覚とまったく無関係ではないはずで、不思議なことではありません。
　そして、こういうセンスを大切にする人ほど、「都市とは何か」という考察に興味をもつのではないかとも思います。

　われわれの街づくりは、都市という花園の、真ん中のもっとも目立つ部分に、花壇をつくって維持してゆくことにたとえることができます。

　宇宙にならって物理的に考えれば、ある限られた空間に分子（人間）が多ければ多いほど、分子どうしの衝突頻度が多くなります。

　都市でいえば、刺激、イベントが多くなるということで、かならずしもプラスのイメージを想起させるチャンスだけではないと思います。たとえば、犯罪や事故などのイベントの可能性も高まることは事実です。

　このようなマイナスのイベントリスクを排除ないし適切に管理していくことも、都市という花園の運営には不可欠です。街づくりにたずさわるということは、このような安全・安心の提供も含めたサービスの提供です。

　センスを大切にしながら、「都市とは何か」を考え、都市という花園の魅力を高めてゆくことは、われわれがこのなりわいを続ける限り、必要なことだと思います。

ご意見・ご感想の紹介

　第60号は、これまでの内容にいただいたみなさまからのおたよりを紹介します。

　このメールマガジンについてはさまざまなご意見・ご感想をいただいており、筆者として感謝申しあげます。
　どのご意見・ご感想もたいへん参考になり、また励まされるものでしたので、例としていくつか要旨をご紹介いたします（ここに掲載する要旨は、筆者が要約・編集したもので、文責は筆者にあります）。

　第7号「マイクロソフトの働きかた」については、
「テナント企業の総務部に対して、ファシリティマネジメントの専門家として当社社員がアドバイスできるようにしたほうがよい」
とのご意見をいただきました。
　その後ご自分で日本ファシリティマネジメント協会とコンタクトをとられたとのことで、発信内容が業務のきっかけとして役に立ってよかったと思います。

　第20号「ビルのサービス：英米法系と大陸法系」では、
「これまでテナント営業で外資系企業から、日本の賃貸借制度は国際的に特殊だといわれることが多かったが、大陸法系（シビルロー）の制度だと説明できることがわかった」
とのご返信をいただきました。
　日本の賃貸借制度がそれ相当の理由をもって成立していることには、自信をもってよいだろうと思っています。

　第30号「ホテルに学ぶオフィスのホスピタリティ」については、複数のかたから、
「オフィスにおけるホスピタリティとはなにか、実感がわいた」
という趣旨のご感想をいただきました。
　お読みになって具体的な実感をもっていただければ、たいへんうれしく存じます。
　なお、「非日常のなかの日常の提供」については、沼田元氣氏（詩人、写真家、喫茶店研究家）の主催する東京喫茶店研究所の編著による書籍『喫茶店百貨大図鑑』（ギャップ出版、2002）の一節からヒントを得たものです。

　第38号「オフィスと会員制倶楽部」については、
「オフィスの新しい商品形態を考えるうえで参考になった」
とのご意見をいただきました。また、
「会員制倶楽部では、会員の選別に重点をおかないで、広くいろいろな人々を受け入れて多様性を確保するありかたもあるのではないか」
とのご意見もありました。
　今後具体的に新しい商品形態を考えるヒントになれば幸甚です。

第47号「生き残りのための企業文化」については、
「かつては三井グループの企業が日本橋に集積していたのに、その後ビジネスベースの賃料負担力で選別された結果、三井グループが日本橋の外に分散することになって、日本橋の特徴が失われてきたのではないか、集積のメリットを見直してはどうか」
というご意見をいただきました。
　個別の事業にかかわる問題をはらんでいて、一層の議論を深める必要がある事柄と思いました。

第48号「渋谷の現在」については、
　渋谷でホテル事業を担当されているかたから、
「渋谷らしいカルチャーにかかわる部分については、参考にして仕事に生かしたい」
というご感想をいただきました。
　この発信が、オフィス以外の分野で働いておられるかたにも役に立つのであれば、とても幸甚に存じます。

第50号「オフィスでの資料やデータのマネジメント」は、オフィスの機能を6項目に整理したうえで考えたものです。
　これについては、
「分析に基づいて説明しているので理解しやすかった」
というご感想をいただきました。
　大項目である「オフィス」の機能を、6つの小項目に分解したうえで、新しい事業の可能性を小項目との関係で説明する方法をとったのですが、意図が伝わってよかったと思います。

第51号「特別な場所、『名所』の成り立ち」については、
「渋谷にあるファッショナブルな魅力を東京の東部（日本橋）に

持っていくことができるとよいだろう」
というご意見をいただきました。その一方で、
「それは相当難易度が高いのではないか」
というお声もありました。
　たしかに、きょうあすに実現することはむずかしいことです。たとえば渋谷が変わりつつあるなかで（第48号参照）、日本橋は、渋谷とまったく同じ形ではないかもしれないけれども、おもしろい街づくりができると思っています。

　第52号「オフィスのフリーアドレス」については、
「フリーアドレスのよさは、毎日席が変わることでコミュニケーションが活性化するということもあるけれども、自分としては、そのときそのときにより場所を変えることで、気分が変わる効果が大きい」
というご感想をいただきました。
「働きかた、働く場所の選択のできるオフィス」ということが、ひとつのビジョンとして浮かびあがる気がします。

　第53号「ビジネスにおける多様性」については、
「前半では価値創造の仕組みを分析しているので、後半ではオフィスにおける新しい価値の具体的な提示がほしかった」
というご意見をいただきました。
　後半では、「多様性のなかから新しいオフィスの価値を見出してゆきたい」という趣旨が浮かび上がるように書いたのですが、みなさまのオフィスにおける新しい価値への期待の大きさからは、それではもの足りないことに気付かされました。
　今後の探究の励みにさせていただきます。

そのほか、通りがかりに「読んでいるよ」「どうやってテーマを拾っているの？」「今度の号はよかったよ」といった声をかけられることもありました。
　みなさまのご愛読とご支援、ありがとうございました。

　このシリーズは、今回で最終号となります。
　新しい働きかた、新しいオフィスのありかた、「場の力」の価値について、最新の話題を集めながら、集中的に発信することができましたので、ひとまずこのあたりで区切りをつけることになったものです。
　それはたとえば、

- 価値を産み出す前提としての多様性
- 街のストーリー
- 企業文化（企業のもつストーリー）に寄り添ったオフィス
- 街のにぎわいに必要なヒューマンスケール（歩き回れる範囲）
- サービスグレードと対価
- ホスピタリティにおける非日常のなかの日常の提供
- グローバリズムの次のテーマとしての都市
- チャンスの花園としての都市
- 街づくりのセンスと知

といった個々のヒントが、実際に発芽し展開してゆく段階に入ったという認識でもあります。
　シリーズ発信を続けるなかで、「場の力」は、場所のストーリーを発見・創造・発信する「知の力」でもあるということに、あらためて思い至りました。
　そして、個々のヒントが、「場の力」を具現した新しいオフィ

スの誕生に役立つことを心より願っています。

　営業企画チームでは、ふたたび、このような連載あるいは単品での発信を行う機会があるかもしれません。そのときまで、「場の力」の価値を意識して、新鮮な話題にアンテナを張りながら、毎日の業務を行ってゆきたいと思います。

　1年3か月にわたり、ご愛読まことにありがとうございました！

おわりに

　これからの企業にリアルのオフィスは必要か、バーチャルな電子の世界で十分か。街づくりを本業とし、オフィスという「場」を提供する三井不動産で働くわたしたちにとって、これは切実な問題です。本書は、「新しいオフィスはなにか」をテーマに社員向けに配信していたメルマガ全60回を一冊に纏めたものです。リアルな「場」の意味について、執筆者がいろいろ調べながら考えてゆくプロセスを、読む人に追体験していただく意図で連載したものです。このプロセスを社会に公表して、いろいろな方とのコミュニケーションのきっかけとするために、出版することとしました。

　本書では、「場」はそこに集う人々がストーリーを共有することで成り立つこと、「場」のにぎわいは多様な人々の間での価値の交換を前提としていること、「場」でのフェイス・トゥ・フェイスのリアルなコミュニケーションが価値創造の源泉となることなどが、さまざまな視点のテーマのなかで浮き上がってきました。

　たとえば女性の社会参画の拡大が求められていることでも明らかですが、新しい価値創造のためには、働く人の多様性が必要です。20世紀型のオフィスは、規格品の大量生産のための効率性を追求した、19世紀末以来の工場をモデルにして発展しました。しかし、21世紀の現在においては、働く人の多様化、オンとオフとの関係性の多様化など、新しい課題にいまのままでは十分には対応できなくなる可能性があります。オフィスは、生産性を高める場所であることはもちろん、さらなる進化として、新しい課題に対応できる場所であることが求められています。バーチャルな電子の世界が拡大しているからこそ、逆にさまざまな局面でのリア

ルの重要性が高まっている、いわば濃縮化しているといえるのではないでしょうか。単なる箱としてのオフィス、コストとしてのオフィスではなく、多様な人々が顔を合わせて協働しながら価値を創造する「場」をどうつくるか、これは現代における企業の大きな経営課題です。日本の、そして世界の先端企業は、すでにこのことに気がつき、行動を始めています。

　都市の価値創造力を高めるために、多様な人々がストーリーを共有しながらさまざまなチャンスにめぐりあえる街づくり、オフィスづくりが必要でしょう。オフィスを企業戦略上の投資の観点から考える企業経営者、価値創造の「場」ととらえるビジネスパーソンや、街づくりにたずさわるかたがたはもちろん、現代におけるリアルの意味に関心を寄せるかたがたに本書を広くお読みいただくことを願っています。本書がコミュニケーションのきっかけとなって、わたしたちとみなさまが、経営課題の検討や街づくりの「場」をともにしながら、新しい価値を創造してゆければ幸甚です。

2016年5月

　　　　　　　　　　　　　三井不動産　中河内いづみ

読者意見箱用メールアドレス：banochikara@mitsuifudosan.co.jp

このQRコードから、三井不動産株式会社あて（banochikara@mitsuifudosan.co.jp）に電子メールが送信できます。このQRコードを利用して三井不動産株式会社へご送信いただいた個人情報（メールアドレスを含む）は、ご意見・ご質問に対する連絡・回答の目的においてのみ使用いたします。個人情報保護の詳細については、三井不動産株式会社ホームページ（http://www.mitsuifudosan.co.jp/）掲載の「個人情報保護方針」「個人情報の取り扱いについて」をご参照ください。

著者について
「三井不動産　中河内いづみ」はペンネームです。
このペンネームは、メルマガの作成を担当した、三井不動産株式会社ビルディング本部業務推進室業務推進グループ営業企画チームに属する社員である、河内明宏（こうち・あきひろ）・中尾宏（なかお・ひろし）・泉眞理（いずみ・まり）の3名の名前をもとに名づけました。

場の力
―変化を起こすためのヒント―

2016年6月30日　発　行

著　者	三井不動産　中河内いづみ	©2016

発行所　丸善プラネット株式会社
　　　　〒101-0051　東京都千代田区神田神保町二丁目17番
　　　　電話（03）3512-8516
　　　　http://planet.maruzen.co.jp/
発売所　丸善出版株式会社
　　　　〒101-0051　東京都千代田区神田神保町2-17
　　　　電話（03）3512-3256
　　　　http://pub.maruzen.co.jp/

題字　齋藤宏樹
英訳　吉田香
本文デザイン・イラスト　高木もち吉
表紙デザイン　有限会社 悠明舎
組版　株式会社 明昌堂／印刷・製本　富士美術印刷株式会社

ISBN 978-4-86345-294-7 C1033

COMMONS PAGE

MITSUI FUDOSAN BUSINESS COMMUNITY

豊かな毎日を。
新たなビジネスを。
よりよい社会を。
『三井のオフィス』に集う人たちが
育むコミュニティ。

COMMONS PAGEは、
三井不動産のオフィスビルで活動する
数千社・数十万人が、単に"働く"だけでなく
さまざまなライフシーンで枠を越えて交流し、
より豊かな毎日や新たなビジネスを
共に生み育てていく場です。

『三井のオフィス』にお勤めの方は会員登録（無料）いただけます。それ以外の方も一部コンテンツをお楽しみいただけます。
「COMMONS PAGE」で検索いただくか、QRコードを読み取ってアクセスしてください。

commons-web.jp | COMMONS PAGE

その先の、オフィスへ
三井のオフィス